MIND-EF
Mindfulness en Educación Física

Irene López Secanell

INDE

Primera edición, 2024

© 2024, Editorial INDE
         www.inde.com
         editorial@inde.com

© 2024, la autora

Ilustraciones de portada e interior: Marta Antelo

ISBN: 978-84-9729-439-3

DL MU 604-2024

Impreso en España

Índice

Este libro está dedicado con un cariño especial a Sonia y a Geli, dos almas que entraron en mi vida en un momento crucial de transformación, guiándome hacia el mundo de la meditación y la espiritualidad. A través de vuestra influencia, he crecido tanto en lo personal como en lo profesional y os estaré profundamente agradecida toda mi vida.

Quería también agradecer a Benito Pelegrín Rodríguez, María José Álvarez Barrio, Paki Crespo Jiménez, Eduardo Rico Gaspar, Purificación Mora de la Torre, Alex Gutiérrez Alcalde, Alfonso Jesús Guillén Criado, Josu Rivera Peña, Bárbara Frías Ruiz, Carolina Alicia Blázquez Marcia, Laura Montalbán Herranz, Montse Bosch Palacios, María Olagüe Baño, Ana María Engo Grau, Sara González Hernández, Joaquín Romero Castillo, Raquel Mas Beltrán y otros docentes que han participado en el proyecto MIND-EF, atreviéndose a llevar el *mindfulness* a sus aulas.

Y, como siempre, agradecer este libro a mis padres, cuyo apoyo ha sido fundamental para ser quien soy.

Prólogo

Por Javier García Campayo

Catedrático de Psiquiatría. Director del Máster de Mindfulness Universidad de Zaragoza

Desde que surge *mindfulness* a finales de 1979 en la Universidad de Massachusetts, de la mano del Dr. Jon Kabat-Zinn, su uso se ha ido extendiendo de forma progresiva, no solo a nivel geográfico, ya que se imparte en más de 80 países en este momento, sino en muy diferentes áreas. Las más conocidas, sin duda, son el ámbito clínico, siendo la terapia de elección en depresión recurrente; el entorno educativo, por lo que se ofrece en una gran cantidad de universidades y muchos colegios e institutos; y el mundo laboral, siendo miles las empresas y organizaciones que lo ofertan a sus trabajadores y trabajadoras.

Existen otras áreas donde se emplea *mindfulness*, menos conocidas, pero no por ello menos relevantes. En el mundo de las ONGs se ha empleado para evitar el quemado profesional tan frecuente en este entorno o, en prisiones, para mejorar la calidad de vida las personas que están presas durante largo tiempo.

Uno de los entornos en que más está creciendo en los últimos años es el mundo del deporte. Por un lado, en el deporte de élite, como se hace referencia en el libro, donde los y las profesionales están sometidos a presión intensa y crónica y corren el peligro de desmotivarse, así como de bajar rendimientos. Es un nicho reducido pero muy demandante. Y, por otra parte, estaría también el deporte no competitivo, lúdico. El que practicamos (o lo intentamos) una gran parte de la población. Y en él estaría incluido la Educación Física del alumnado en escuelas e institutos.

De eso va este libro: de cómo aplicar *mindfulness* en las aulas de Educación Física, ya que no todo el cuerpo docente de esta asignatura tiene formación en *mindfulness*. Lo que se pretende es dotar al profesorado de una herramienta que le facilite acercarlo al alumnado. Junto a una introducción teórica de lo que es *mindfulness*, de lo que se necesita para impartirlo y de sus frutos, se revisa el uso que se ha hecho de esta técnica en el deporte profesional, revisando los protocolos específicos en este campo. Se hace un análisis de cómo debe ser la formación en los diferentes ciclos educativos y se describen prácticas específicas que mezclan *mindfulness* y actividad física y que son adecuadas para el alumnado en cada periodo de edad.

Es un libro claro, ameno, didáctico y basado en la experiencia de una persona que ama *mindfulness* y la Educación Física, y que tiene amplia experiencia en ambos temas y, lo que es más difícil, en cómo combinarlos. Las sencillas ilustraciones ejemplifican como realizar las técnicas en el ámbito escolar, pero se incluyen aspectos más amplios como la inteligencia emocional o la comunicación.

En suma, la profesora Irene López Secanell ha conseguido crear un manual accesible, que resultará útil a todas las personas que practiquen o enseñen la actividad física, y que deseen combinarla con una técnica tan eficaz y sugerente como *mindfulness*.

De la crisis al crecimiento: inicios del proyecto MIND-EF

Una vez conocí a un maestro que me dijo que de las crisis personales suelen nacer procesos de autodescubrimiento y crecimiento personal. Este libro es el resultado de una crisis personal que viví durante mi adolescencia. Desde los 12 años formaba parte de un equipo federado de voleibol. Empecé a jugar a los 6 años y competí hasta los 18 años. Desde mi punto de vista, era buena jugadora; tenía un buen salto, fuerza, una buena técnica y táctica. El problema era mi carácter en los partidos. Cada vez que yo fallaba un punto, me sentía culpable por no haber hecho más. Ese sentimiento, sumado a mi autoexigencia y perfeccionismo, terminaba en un enfado hacia mí misma, minando mi capacidad para celebrar los éxitos con mis compañeras o para brindarles muestras de ánimo. Estas actitudes, cuando eran observadas desde fuera, podrían sugerir ciertas dosis de egoísmo y arrogancia. Nada más lejos de la realidad, ya que esas actitudes derivaban de mi incapacidad para gestionar mis emociones y de mi autoexigencia, la cual no era impuesta ni por mis padres ni por mis entrenadoras, sino por mi propia persona.

Mi actitud fue cambiando con el paso de los años. Fue en la etapa de juvenil cuando tomé la decisión de dejar el voleibol. Abandonar aquel deporte que llevaba practicando durante más de diez años no fue una elección sencilla y lo viví como una crisis personal. Quienes hayan participado en equipos deportivos durante años podrán comprender que abandonar el deporte de competición no solo implica dejar de jugar, sino también apartarse de una segunda familia, de la casa que te acogió durante fines de semana enteros, de las personas que te ayudaron en momentos difíciles, que te habían dado momentos de felicidad y amistad. Lo dejé todo de un día para otro y en una fase de mi adolescencia donde se avecinaban muchos cambios. En mi caso, ahora soy consciente de cómo esa crisis fue un punto de inflexión. De hecho, inicié un proceso que me llevaría a descubrir aspectos internos de mi ser y me brindaría la oportunidad de crecer como persona y profesional.

Coincidiendo con esa decisión, entraron en mi vida personas que me hicieron descubrir la meditación y el *mindfulness*. Al principio era un poco reacia a este tipo de prácticas. Sin embargo, un día participé en una ceremonia budista donde realizamos una larga meditación que me brindó sensaciones de paz, relajación y serenidad, las cuales despertaron mi interés para formarme y poder enseñar esta técnica en el ámbito educativo. A partir de ese momento empecé a realizar cursos, lecturas y formaciones para poder transmitir esos conocimientos a mis estudiantes.

Mientras me formaba, algunas amistades y familiares cercanos me hacían algunos comentarios del tipo: "te veo diferente", "¿te has hecho algo?" o "estás cambiada". Gradualmente, la práctica de los ejercicios me conducía a ser más yo, a vivir con menos impulsividad y, a la vez, me di cuenta de que todo el proceso me estaba ayudando a ser consciente de todas aquellas experiencias que viví en el deporte durante mi adolescencia. El proceso también contribuyó a que me perdonara situaciones en las que consideraba que no había actuado adecuadamente y, finalmente, descubrí que había momentos en los que, de manera inconsciente, había aplicado el *mindfulness* durante el deporte. Por ejemplo, recuerdo que en la víspera de los partidos me dormía visualizando el juego del día siguiente, las jugadas que haría, cómo me movería, los gestos técnicos que tenía que hacer y, evidentemente, la victoria. Además, durante el juego también había puntos donde parecía que el tiempo se paraba. Estaba tan atenta y consciente a todo lo que estaba pasando, que mi cuerpo fluía y se movía de manera instintiva. Más tarde comprendí que, sin saberlo, en ese momento ya estaba aplicando el *mindfulness* en mi vida.

Aunque mi motivación para implementar el *mindfulness* en la educación se originó a partir de una experiencia personal, también encontré justificación para practicarlo observando a mis estudiantes de primaria y, especialmente, a los que estudiaban en la universidad que mostraban estrés, ansiedad, depresión, preocupación excesiva, etc. Esto me llevó a preguntarme: ¿cómo puedo ayudar a mis estudiantes para que tengan un mejor bienestar? Las formaciones que realizaba siempre las focalizaba en mi propia capacitación, con el fin de mejorar mi bienestar, pero sin olvidar que me ayudarían a convertirme en un modelo para mis estudiantes, transmitiéndoles técnicas que colaborarían a mejorar su calidad de vida y, por qué no, la de su futuro alumnado. Pensar en que podía sembrar una semilla para las futuras generaciones me producía mucha satisfacción y motivación.

Una vez finalizada mi formación en *mindfulness*, comencé a enseñarlo a mis estudiantes y, posteriormente, amplié las enseñanzas en algunos centros de infantil, primaria y secundaria de la Comunidad Valenciana. A partir de estas formaciones, me di cuenta de cómo poco a poco se estaban difundiendo estas técnicas en el equipo docente y en el estudiantado. No obstante, identifiqué que en la mayoría de las formaciones no había mucho profesorado de Educación Física (EF). Paralelamente, en las tutorías que realizaba con mis estudiantes de prácticas en los distintos centros escolares, observé que la mayoría de las técnicas de relajación que se utilizaban en las clases de EF eran las de Jacobson, Schultz, yoga, pilates y masajes. Esta fue una de las motivaciones para redactar este libro, pues lo consideré una forma de seguir expandiendo los beneficios del *mindfulness* y, en particular, de compartir conocimiento con la comunidad educativa, especialmente con el profesorado de EF.

De esta forma nace MIND-EF (*mindfulness* + Educación Física), un proyecto que tiene la finalidad de crear un espacio de aprendizaje para que docentes de EF aprendan herramientas básicas del *mindfulness* y que, posteriormente, las apliquen en sus aulas. En otro orden, en este libro se registra la opinión de profesionales de la educación sobre estas técnicas. Por este motivo, el libro se estructura en cuatro partes:

- **"Exploración conceptual":** en este bloque se desarrolla una parte teórica que nos aproximará al concepto del *mindfulness*, así como su vinculación con el deporte y la EF.
- **"Experiencia viva":** se brindan ejercicios prácticos que llevo a cabo en mis clases de EF.
- **"Escuchando las voces del profesorado":** el proyecto MIND-EF incluye una píldora formativa online para docentes de EF de cualquier parte del mundo. Este apartado es el resultado de la experiencia en formaciones online gratuitas donde enseñaba los ejercicios del apartado de "Experiencia viva", que estuvieron abiertas a la participación de cualquier docente de EF de primaria, secundaria, bachiller, universitaria o/y formación profesional. Las únicas condiciones para participar consistían en asistir a todas las sesiones (o ver los vídeos en diferido) realizar los ejercicios de *mindfulness* en sus clases de EF y responder un cuestionario final sobre el proyecto. Esta parte del libro proporciona el informe con los resultados extraídos de esos cuestionarios.
- **"Reflexión final: los peligros del *mindfulness*":** en este apartado se aporta una reflexión sobre cuáles son los peligros que puede tener el uso del *mindfulness* en el mundo occidental y educativo. La finalidad de este capítulo es concluir el libro con una reflexión sobre cómo se ha mercantilizado el *mindfulness* en los últimos años y cómo nosotros, quienes ejercemos la docencia, debemos tener en cuenta esta realidad para evitar enfocar nuestras prácticas en beneficio de una sociedad capitalista.

En conclusión, este libro pretende ser un referente para docentes de EF que quieran incorporar el *mindfulness* en sus aulas, así como para mejorar la calidad de vida de sus estudiantes.

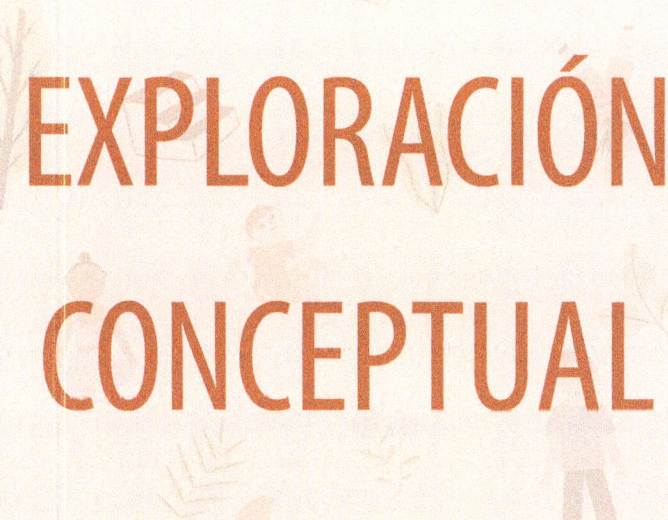

EXPLORACIÓN CONCEPTUAL

Descubriendo la esencia del *mindfulness*

En los últimos años se han incrementado las publicaciones e investigaciones relacionadas con la atención plena o el *mindfulness*. La justificación principal de este aumento reside en los beneficios comprobados que ofrece esta técnica cuando se convierte en un hábito, especialmente en términos de mejora integral de la salud (social, emocional o cognitiva). Este enfoque se vuelve aún más relevante en una sociedad que en los últimos tiempos ha cambiado su estilo de vida hacia ritmos acelerados que, a menudo, acaban afectando la calidad y el bienestar de la persona (Ergas y Hadar, 2019).

Este acelerado ritmo vital, fuertemente influenciado por las demandas del capitalismo, también encuentra su eco en el ámbito educativo. El resultado es el incremento de problemas entre el estudiantado, como trastornos mentales o emocionales graves, inclusive en los equipos docentes, algunos de los cuales sufren altos niveles de estrés, depresión y el síndrome del "profesor quemado", entre otros. Este aumento en los niveles de estrés puede desencadenar una serie de enfermedades, así como dificultades para gestionar situaciones de ira, ansiedad y/o depresión. Además, puede contribuir a una disminución en la autoestima de las personas involucradas (Turanzas, 2013).

En este escenario, surge la necesidad de integrar diversas técnicas y prácticas que mejoren la salud mental en el sistema educativo. El propósito de esta integración consiste en reducir, en la medida de lo posible, los problemas evidentes en el aprendizaje y el comportamiento, los cuales son, generalmente, consecuencia de la falta de atención (Blanco, 2016). Este contexto impulsó el desarrollo de las investigaciones sobre la atención plena o *mindfulness*, las cuales han revelado múltiples ventajas físicas y psíquicas, que posibilitan la expansión de esta técnica al ámbito escolar (López, et. al. 2016).

El concepto de *mindfulness* es una traducción de la palabra "*Sati*" en la lengua litúrgica budista, que hace referencia al concepto de atención plena, conciencia plena o recuerdo (Siegel, Germer y Olendzki, 2009). La introducción del *mindfulness* en el mundo occidental fue realizada en 1978 por el doctor Kabat-Zinn a través del Programa de *Mindfulness* Basado en la Reducción del Estrés (MBSR). Según este autor, "el *mindfulness* es el estado de conciencia que surge cuando centramos la atención, de forma intencional y sin juzgar, en el momento presente, viviendo la experiencia de cada instante" (Kabat-Zinn, 2003, p. 145). Así pues, podemos decir que la plena atención es una calidad inherente de la conciencia humana (Siegel, 2011). Al tratarse de una capacidad natural del ser humano es posible potenciarla mediante la meditación y ejercicios como anclar la atención en nuestra respiración (Lutz, et. al., 2008).

Respecto a la terminología utilizada, son numerosas las definiciones que podemos encontrar. Según Baer, esto se debe a las formas diversas de entender y describir el *mindfulness* dependiendo de la autoría (Baer, 2008). Uno de los referentes del *mindfulness*, como Simón, lo define como "una capacidad humana universal y básica, que consiste en la posibilidad de ser consciente de los contenidos de la mente momento a momento." (Simon, 2016, p.8). En esta línea, Bishop sostiene que el *mindfulness* es una "forma de atención no elaborada, que no juzga, que se centra en cada pensamiento, sentimiento o sensación que aparece en el campo atencional aceptándolo tal y como es" (Bishop, 2004, p.230). Siegel la considera "una capacidad de conciencia orientada al momento presente que varía según el individuo" (Siegel, 2011, p. 13). Williams habla de conciencia no evaluadora, "[…] que surge como resultado de centrar de forma intencional la atención a las sensaciones, pensamientos y sentimientos a medida que ocurren" (Williams, 2007, p. 22).

La definición de *mindfulness* suele llevar confusiones cuando lo comparamos con los conceptos de "relajación" y "meditación". López-González señala las diferencias entre ambos conceptos con la siguiente propuesta gradual (López- González, 2019, p.133):

- **Relajación.** Se llega a profundidades de la conciencia sin peligro (excepto los casos contraindicados) y desde la voluntad de quien lo hace.
- **Meditación.** Se trata de un nivel más fino de atención que requiere menos esfuerzo. La consciencia permanece en vigilia, pero con un nivel de ondas cerebrales más lento.
- **Contemplación.** Es el que conocemos como *mindfulness*. Es un estado abierto de conciencia centrado en el momento presente sin que la voluntad del individuo intervenga demasiado.

Para llegar a la contemplación es necesario tiempo y práctica. Por ello, generalmente en las primeras prácticas que realizamos de *mindfulness* con nuestro alumnado, la primera sensación que manifiestan es la relajación. A medida que se incorporen las técnicas de una forma rutinaria descubren que es más fácil poner la atención en su respiración o empezar con los ejercicios, cosa que en las primeras sesiones no pasaba. Poco a poco, podemos encontrarnos con estudiantes que llegan a clase y nos comentan que han empezado a incorporar algunas de las técnicas en su día a día (por ejemplo, respirar después de una discusión con un familiar, ducharse con atención plena, ir por la calle prestando atención a los sentidos, etc.). Pero reitero, como todo entrenamiento, esto requiere paciencia y disciplina.

Kabat-Zinn (2003) identificó **7 actitudes** que deberían promoverse para llegar a la fase de *mindfulness:*

1. No juzgar. implica observar y experimentar lo que sucede en el momento presente sin juzgarlo, es decir, sin poner etiquetas como "esto es bueno" o "esto es malo".

2. Paciencia: implica que las cosas se deben desarrollar naturalmente y aceptar el tiempo que lleva cada proceso, así como no resistirse a lo que está ocurriendo en el momento presente.

3. Mente principiante: tener curiosidad y tener apertura hacia la experiencia, sin prejuicios ni expectativas, como si viviéramos cada práctica por primera vez.

4. Confianza: implica confiar en nuestras propias capacidades para gestionar las situaciones que surgen.

5. No esforzarse: implica dejar que las cosas fluyan y no forzar a que sucedan, sino que se debe dejar que las cosas sean como son.

6. Aceptación: aceptar la realidad tal y como es en el momento, sin resistirla. Aceptar no implica estar de acuerdo, sino reconocer que está ocurriendo y no intentar cambiarlo a toda costa.

7. Dejar ir: implica no apegarse a emociones, sensaciones o pensamientos. Permitir que las cosas cambien sin aferrarse.

Personalmente, cuando empecé a practicar estas actitudes en mi día a día, me ayudó a tener un mayor bienestar, sobre todo mental pero también físico. El no juzgar me ha permitido ser consciente de cómo constantemente estamos etiquetando a las personas, aun sin quererlo; la paciencia me ha enseñado a aceptar que las cosas tienen su tiempo; cultivar una mente de principiante me facilitó disfrutar algunas de mis prácticas docentes como si fuese el primer día que las hacía; la confianza en mí sigue siendo un reto, pero me ayuda a afrontar las situaciones con mayor seguridad y serenidad; el no esfuerzo y el dejarme ir me han enseñado a intentar fluir con la vida y no luchar contra ella; la aceptación me ha permitido admitir algunas emociones que años atrás retenía.

En conjunto, estas actitudes me han facilitado vivir de una forma más plena y consciente. No obstante, en ningún momento ha sido, ni está siendo, un proceso fácil. Cuando creemos que ya hemos logrado un cambio de actitud, por ejemplo, en la paciencia, la vida te pone situaciones que sobrepasan tus límites y donde la paciencia desaparece. ¿Quiere decir eso que no soy paciente? En lugar de tomarlo desde la parte negativa, puedo centrarme en que ahora soy capaz de reconocer que soy consciente de no haber respondido con paciencia ante esa situación: esta consciencia ya es un logro, un entrenamiento y un proceso para mí. En otros momentos de mi vida no hubiera sido consciente de cómo he actuado en ciertas situaciones para luego plantearme cómo podría mejorarlo. Lo mismo pasa cuando meditamos. ¿Empezar a meditar y despistarnos quiere decir que no sé meditar? No, ya estás entrenando porque empiezas a ser consciente de en qué momento te has despistado y entrenas la capacidad de volverte a centrar en la meditación. Eso es entrenamiento, es progreso, y todo progreso te lleva a un autodescubrimiento y crecimiento personal.

Los frutos de practicar *mindfulness*

Cuando practicamos algún ejercicio de *mindfulness* por primera vez, normalmente apreciamos la relajación como resultado inicial de esta técnica. Aunque este suele ser uno de los frutos positivos más comentados entre sus practicantes, en los últimos años se han realizado una serie de investigaciones que han evidenciado cómo el uso del *mindfulness* en el ámbito educativo implica muchos más beneficios. En la publicación que realizamos junto con Sabina Pastor (López y Pastor, 2019), sintetizamos algunos de los estudios a este respecto:

- **Beneficios a nivel psicológico:** reducción de los niveles de estrés (Anand y Sharma, 2014; Kuyken et al., 2013; Metz et al., 2013; Zenner, Herrleben-Kurz y Walach, 2014), ansiedad (Franco, Mañas, Cangas y Gallego, 2011; Napoli, Krech y Holley, 2005; Potek, 2012; Cuellar, Bazán y Araya, 2019; Soriano, et al., 2020), depresión (Britton, et al., 2014; Kuyken et al., 2013; Schonert-Reichl, et al., 2015), afecto negativo e incremento de los niveles de afecto positivo (Britton et al., 2014; Broderick y Metz, 2009; Klingbeil et al., 2017; Schonert-Reichl y Lawlor, 2010), cansancio, dolor y de quejas psicosomáticas (Broderick y Metz, 2009; Metz et al., 2013).
- **Beneficios relacionados con el aumento de sentimientos y constructos positivos:** sensaciones de calma, relajación, sueño mejorado, menor reactividad, incremento del autocuidado, autoconciencia y un sentido de interconexión o interdependencia con la naturaleza, mejora de los niveles de optimismo (Schonert-Reichl y Lawlor, 2010; Schonert-Reichl et al., 2015; García-Taibo, et. al. 2023) y mejora del autoconcepto (Klingbeil et al., 2017).
- **Beneficios en relación con la regulación emocional:** mayor conciencia y claridad emocional (Broderick y Metz, 2009; Schonert-Reichl et al., 2015; Águila, 2021; Paricio, 2022) y autocontrol de emociones negativas (Broderick y Metz, 2009; Rosaen y Benn, 2006; Schonert-Reichl et al., 2015).
- **Beneficios en la función cognitiva:** aumento en los niveles de atención (Napoli, et al., 2005; Saltzman y Goldin, 2008; Schonert-Reichl y Lawlor, 2010; Tang, Yang, Leve y Harold, 2012; Baena-Extremera, et. al., 2021), aumento en la autorregulación y función ejecutiva (Biegel y Brown, 2010; Desmond, Hanich y Millersville, 2010; Flook et al., 2010; Meiklejohn et al., 2012; Tang, et al., 2012; Zenner, et al., 2014), mejoras en otras variables relacionadas con el funcionamiento cognitivo, velocidad de procesamiento de información, inteligencia práctica, independencia de campo y creatividad (So y Orme-Johnson, 2001) e incremento de los niveles de creatividad verbal (Franco, 2009).
- **Beneficios en el ámbito social y escolar:** incremento de las habilidades sociales (Biegel y Brown, 2010; Napoli, et al., 2005) y de las conductas socialmente competentes (Klingbeil et al., 2017; Schonert-Reichl y Lawlor, 2010; Schonert-Reichl et al., 2015);

mejora de la inteligencia social (Rosaen y Benn, 2006), mejora del comportamiento del alumnado y del clima del aula, reducción del comportamiento disruptivo (Joyce, et al., 2010; Sánchez-Gómez, 2020), reducciones de comportamientos relacionados con el TDAH (Klatt, et al., 2013), reducción de los niveles de agresión e incremento de los niveles de aceptación (Schonert-Reichl et al., 2015), mejora del auto-concepto académico y del rendimiento académico (Anand y Sharma, 2014; Felver, et al., 2016; Franco et al., 2011; Klingbeil et al., 2017; Schonert-Reichl et al., 2015; Tang, et al., 2012).

Estos resultados evidencian que la práctica del *mindfulness* se traduce en una mejora de la salud mental y de diversos aspectos relacionados con el bienestar psicosocial. Consecuentemente, sostenemos que su incorporación al mundo deportivo contribuye de manera positiva en el rendimiento de las personas deportistas. Es por ello, que en el siguiente apartado profundizamos en las investigaciones que se han realizado a este respecto.

Mindfulness en el deporte profesional

Si analizamos las principales investigaciones y publicaciones sobre *mindfulness* llegaremos a la conclusión de que queda demostrado su impacto en el ámbito de la psicología. No obstante, el mundo de la mente está estrechamente relacionado con el deporte. Es por ello, que el *mindfulness* es una técnica que debe explorarse dentro de las prácticas deportivas (Solé, et al., 2014).

A continuación, mostramos una tabla con algunas de las investigaciones que ya han analizado los beneficios del uso del *mindfulness* en el deporte:

Autores y año de publicación	Beneficios
Palmi y Solé, 2016; Gooding y Gardner, 2009	Mejora del rendimiento del deportista
Kauffman et al., 2009; Palmi y Solé, 2016; Worthen y Luiselli, 2016; Holguín, et. al., 2020	Mayor expectativa de los deportistas hacia la competición
Dunn y Hartigan, 1999; Kauffman et al., 2009	Mayor relajación
Worthen y Luiselli, 2016; Cox, Ullrich-French, y French, 2016; García-Álvarez, Suarez-Jiménez y Rebollo-Meza, 2021	Mayor atención y consciencia durante el juego
Kauffman et al., 2009; Palmi y Solé, 2016; Nolte, et al., 2016; Gross et al., 2016	Mejoras en la reducción de la ansiedad
Garcés, De Francisco y Arce, 2012; Holguín, et. al., 2020; Palicio, Rodríguez-Martínez y León-Zarceño, 2022	Reducción del "burnout" en deportistas

Los numerosos beneficios de esta técnica en el mundo deportivo derivaron en la elaboración de diferentes programas deportivos que se están aplicando sobre todo en jugadores profesionales. Los principales programas deportivos de *mindfulness* que encontramos son los siguientes:

- **Programa de Reducción de Estrés Basado en el Mindfulness (MBSR):** es un programa elaborado por Kabat-Zinn (2003) y está más focalizado en enseñar a la población general a reducir el estrés, la ansiedad y mejorar su bienestar general. No obstante, también se ha adaptado en contextos deportivos. Generalmente es un programa que abarca 8 semanas e incluye sesiones grupales y ejercicios para casa. Entre sus ejercicios más populares se encuentran el escaneo corporal (*body scan*), la atención consciente a nuestros pensamientos como si fuésemos una persona externa que nos observa, comer conscientemente y la meditación caminando.
- *Mindful Sport Performance Enhacement* (MSPE) de Kauffman, Glass y Arnkoff **(2009):** este programa está basado en el MBSR, pero en este caso se centra en la mejora del rendimiento deportivo, la ansiedad vinculada a la competición, el desarrollo de la gestión emocional y la satisfacción personal. Este programa se focaliza en enseñar la aplicación del *mindfulness* en el deporte mediante la práctica repetida y la meditación adaptada a cada juego. Son diversos los estudios que han utilizado este programa en deportes como el golf (Rotella y Cullen, 2004) o el *running* (Dreyer y Dreyer, 2009). No obstante, más tarde se realizó una versión más completa con un protocolo de mayor duración. Esta versión reciente fue utilizada en investigaciones como la de Minkler, Glass y Hut, (2020), que lo implementaron durante 6 semanas en 30 atletas femeninas de tercera división de lacrosse de la *National Collegiate Athletic Association*.
- **MMTS (Mindful Meditation Training for Sport) de Baltzell y Summers (2018):** es un programa que proporciona ejercicios de *mindfulness* buscando la mejora de la concentración de atletas, así como aprender a gestionar situaciones de alta presión, estrés y ansiedad derivados de la competición.
- **MAC (*Mindfulness Acceptance-Commitment*) de Gardner y Moore (2007):** inicialmente este programa se diseñó para aplicarse en atletas de alto rendimiento. El programa tiene un enfoque basado en la atención plena y se organiza en cinco componentes: identificación de valores y compromiso, aceptación, integración, psicoeducación y práctica. Los principales resultados que se han constatado de este programa son una reducción en la ansiedad deportiva (Lutkenhouse, 2007; Schwanhausser, 2009), un aumento en el rendimiento (Lutkenhouse, Gardner y Moore, 2007), un incremento significativo en las calificaciones de rendimiento atlético, la atención centrada en la tarea y la intensidad de la práctica (Wolanin, 2005), crecimiento significativo en la capacidad para describir los pensamientos y emociones de los jugadores y jugadoras, aceptar experiencias del momento

presente al reaccionar ante ellos y comprometerse con comportamientos directamente relacionados con el logro de sus metas atléticas (Hasker, 2010).

- *Mindfulness For Athlete Wellbeing* (MFAW) **de Trujillo-Torrealva y Reyes-Bossio (2019):** programa enfocado en la reducción de la ansiedad precompetitiva en deportistas de artes marciales.
- **Programa "Meditación Fluir" de Franco (2009):** se realizó con futbolistas y constató como el trabajo con *mindfulness* resulta eficaz en la prevención de lesiones deportivas y en la mejora de la rehabilitación.

Como acabamos de comprobar, el uso del *mindfulness* en el deporte profesional tiene numerosos beneficios. No obstante, en el estudio que realizamos junto con Javier Gené (López y Gené-Morales,2021) concluimos que hay un vacío temático de investigaciones centradas en analizar si el *mindfulness* se está utilizando en la EF que se imparte en los distintos niveles educativos y los beneficios que puede comportar su aplicación en las aulas.

Mindfulness en la Educación Física

Por todo lo expuesto anteriormente, queda demostrada la relación entre el *mindfulness*, la psicología y el deporte. Teniendo en cuenta que el deporte es uno de los elementos que forman parte del currículum de EF, es lógico pensar que la relación del *mindfulness* con esta disciplina es cercana (Del Águila et al., 2009). Su relación se justifica sobre todo porque a nivel curricular buscamos el desarrollo integral del estudiante, pero también, porque tenemos saberes básicos relacionados con la relajación y la respiración, dos aspectos claves de las técnicas del *mindfulness* (Pérez y Botella, 2006; Delgado, 2009; Beltrán y Abad, 2011).

Recientemente realizamos un estudio donde abordamos un análisis sistemático de los artículos publicados en los últimos seis años sobre el uso de *mindfulness* en la EF de los distintos niveles educativos (educación infantil, primaria, secundaria y formación profesional), así como sus principales conclusiones (López y Gené-Morales, 2021). En el mismo, determinamos que, aunque en los últimos años se ha incrementado el interés por el *mindfulness* y se han demostrado sus beneficios, generalmente aún son pocas las intervenciones realizadas en la EF en el mundo. De los 15 artículos que analizamos, ninguno se había realizado en España. Este aspecto es revelador por dos motivos. El primero porque evidencia cómo en el Estado español la técnica de *mindfulness* aún está poco implementada en el ámbito de la EF, a pesar de los numerosos estudios que muestran los beneficios del uso de esta técnica en el deporte. Entre ellos encontramos el trabajo de Lu, Tito y Kentel (2009) quienes defienden la necesidad de extender el uso del *mindfulness* en la EF porque aporta consciencia y una perspectiva holística del entendimiento del cuerpo, lo cual va más allá del trabajo puramente físico. El segundo porque se muestra cierta distancia entre los estudios teóricos que constatan los numerosos beneficios de esta técnica en el mundo del deporte y las prácticas que se llevan a cabo en los contextos escolares.

Los resultados de ese estudio también muestran que los trabajos analizados se aplican principalmente en la educación secundaria. Consecuentemente, sería necesario indagar sobre los motivos de esta carencia de investigación en la educación infantil, primaria y formación profesional, ya que las investigaciones nos afirman que el *mindfulness* puede aplicarse a partir de los 5 años (Rechtscgaffen, 2016). Quizá, la falta de formación del profesorado en *mindfulness* sea una de las posibles causas de esta carencia de estudios y aplicación, puesto que, si queremos fomentar el uso de esta técnica dentro de la materia de EF, primero es necesario formar al profesorado para que este lo incorpore a su vida y, consecuentemente, a su contexto laboral (López y Beta, 2019). Seguramente si echamos la vista atrás, recuperando lo que aprendimos en la carrera sobre técnicas de relajación en EF, nos vendrán a la mente las técnicas de Jacobson y Schultz. La primera consiste en tensar intencionadamente algunos músculos de nuestro cuerpo durante unos segundos para luego soltar abruptamente mientras exhalamos. La segunda se basa en relajar las partes de nuestro cuerpo empezando por los pies y subiendo gradualmente hacia la cabeza. En este proceso se debe asociar a cada parte del cuerpo una sensación de pesadez y relajación para llegar a un estado profundo de bienestar. Aparte de estas dos técnicas, es posible que también hayamos aprendido técnicas como estiramientos suaves, yoga y audios relajantes. No obstante, el uso del *mindfulness* en las aulas de EF es relativamente nuevo y no existen muchos referentes que expliquen cómo lo utilizan en sus clases.

Otra de las posibles causas de su falta de implementación en los centros educativos podría ser la creencia de que las técnicas de *mindfulness* no entran dentro del currículum escolar. Nada más lejos de la realidad, en los reales decretos que establecen la ordenación y las enseñanzas mínimas de Educación Primaria (R. D. 157/2022) y Educación Secundaria Obligatoria (R. D. 217/2022) de la nueva ley educativa LOMLOE, siguen teniendo cabida este tipo de prácticas (también se incorporaba en la LOMCE), ya que se insiste en consolidar un estilo de vida activo y saludable. Dentro de la parte de EF se especifica que "el alumnado tendrá que aprender a gestionar sus emociones y sus habilidades sociales en contextos variados de práctica motriz". Para ello se proponen seis bloques de contenido, dos de los cuales están directamente relacionados con el *mindfulness*: el de "Vida activa y saludable" y el de "Autorregulación emocional e interacción social en situaciones motrices".

A continuación, detallaremos aquellas competencias específicas, criterios de evaluación y saberes básicos del BOE de educación primaria y educación secundaria, que se relacionan directamente con las prácticas del *mindfulness*.

Educación primaria

Curso	Competencia específica	Criterios de evaluación	Saberes básicos
PRIMER CICLO	**Competencia específica 1.** Adoptar un estilo de vida activo y saludable, practicando regularmente actividades físicas, lúdicas y deportivas, adoptando comportamientos que potencien la salud física, mental y social, así como medidas de responsabilidad individual y colectiva durante la práctica motriz, para interiorizar e integrar hábitos de actividad física sistemática que contribuyan al bienestar. **Competencia específica 3.** Desarrollar procesos de autorregulación e interacción en el marco de la práctica motriz, con actitud empática inclusiva, haciendo uso de habilidades sociales y actitudes de cooperación, respeto, trabajo en equipo y deportividad, con independencia de las diferencias etnoculturales, sociales, de género y de habilidad de los participantes, para contribuir a la convivencia y al compromiso ético en los diferentes espacios en los que se participa.	**Competencia específica 1** **1.2.** Explorar las posibilidades de la propia motricidad a través del juego, aplicando en distintas situaciones cotidianas medidas básicas de cuidado de la salud personal a través de la higiene corporal y la educación postural. **Competencia específica 3** **3.1.** Identificar las emociones que se producen durante el juego, intentando gestionarlas y disfrutando de la actividad física. **3.3.** Participar en las prácticas motrices cotidianas, comenzando a desarrollar habilidades sociales de acogida, inclusión, ayuda y cooperación, iniciándose en la resolución de conflictos personales de forma dialógica y justa, así como mostrando un compromiso activo frente a las actuaciones contrarias a la convivencia.	**A. Vida activa y saludable** **Salud física:** educación postural en situaciones cotidianas. **Salud mental:** autoconocimiento e identificación de fortalezas y debilidades en todos los ámbitos (social, físico y mental). **D. Autorregulación emocional e interacción social en situaciones motrices** **Gestión emocional:** estrategias de identificación, experimentación y manifestación de emociones, pensamientos y sentimientos a partir de experiencias motrices. **Habilidades sociales:** verbalización de emociones derivadas de la interacción en contextos motrices.

Educación primaria

Curso	Competencia específica	Criterios de evaluación	Saberes básicos
SEGUNDO CICLO	**Competencia específica 1.** Adoptar un estilo de vida activo y saludable, practicando regularmente actividades físicas, lúdicas y deportivas, adoptando comportamientos que potencien la salud física, mental y social, así como medidas de responsabilidad individual y colectiva durante la práctica motriz, para interiorizar e integrar hábitos de actividad física sistemática que contribuyan al bienestar. **Competencia específica 3.** Desarrollar procesos de autorregulación e interacción en el marco de la práctica motriz, con actitud empática inclusiva, haciendo uso de habilidades sociales y actitudes de cooperación, respeto, trabajo en equipo y deportividad, con independencia de las diferencias etnoculturales, sociales, de género y de habilidad de los participantes, para contribuir a la convivencia y al compromiso ético en los diferentes espacios en os que se participa.	**Competencia específica 1** **1.2.** Aplicar medidas de educación postural, alimentación saludable, higiene corporal y preparación de la práctica motriz, asumiendo responsabilidades, generando hábitos y rutinas en situaciones cotidianas. **Competencia específica 3** **3.1.** Mostrar una disposición positiva hacia la práctica física y hacia el esfuerzo, controlando la impulsividad y las emociones negativas que surjan en contextos de actividad motriz. **3.3.** Desarrollar habilidades sociales de acogida, inclusión, ayuda y cooperación al participar en práctica motrices variadas, resolviendo los conflictos individuales y colectivos de forma dialógica y justa, mostrando un compromiso activo frente a los estereotipos, las actuaciones discriminatorias y cualquier tipo de violencia.	**A. Vida activa y saludable** **Salud física:** educación postural en situaciones cotidianas. **Salud mental:** autoconocimiento e identificación de fortalezas y debilidades en todos los ámbitos (social, físico y mental). **D. Autorregulación emocional e interacción social en situaciones motrices** **Gestión emocional:** estrategias de identificación, experimentación y manifestación de emociones, pensamientos y sentimientos a partir de experiencias motrices. **Habilidades sociales:** verbalización de emociones derivadas de la interacción en contextos motrices.

Educación primaria

Curso	Competencia específica	Criterios de evaluación	Saberes básicos
TERCER CICLO	**Competencia específica 1.** Adoptar un estilo de vida activo y saludable, practicando regularmente actividades físicas, lúdicas y deportivas, adoptando comportamientos que potencien la salud física, mental y social, así como medidas de responsabilidad individual y colectiva durante la práctica motriz, para interiorizar e integrar hábitos de actividad física sistemática que contribuyan al bienestar. **Competencia específica 3.** Desarrollar procesos de autorregulación e interacción en el marco de la práctica motriz, con actitud empática inclusiva, haciendo uso de habilidades sociales y actitudes de cooperación, respeto, trabajo en equipo y deportividad, con independencia de las diferencias etnoculturales, sociales, de género y de habilidad de los participantes, para contribuir a la convivencia y al compromiso ético en los diferentes espacios en los que se participa.	**Competencia específica 1** **1.2.** Integrar los procesos de activación corporal, dosificación del esfuerzo, relajación e higiene en la práctica de actividades motrices, interiorizando las rutinas propias de una práctica motriz saludable y responsable. **Competencia específica 3** **3.1.** Participar en actividades motrices, desde la autorregulación de su actuación, con predisposición, esfuerzo, perseverancia y mentalidad de crecimiento, controlando la impulsividad, gestionando las emociones y expresándolas de forma asertiva.	**A. Vida activa y saludable** **Salud física:** educación postural en situaciones cotidianas. **Salud mental:** respeto y aceptación del propio cuerpo, así como del aspecto corporal de los demás. **D. Autorregulación emocional e interacción social en situaciones motrices** **Gestión emocional:** estrategias de identificación, experimentación y manifestación de emociones, pensamientos y sentimientos a partir de experiencias motrices. **Habilidades sociales:** verbalización de emociones derivadas de la interacción en contextos motrices.

Educación secundaria

Curso	Competencia específica	Criterios de evaluación	Saberes básicos
PRIMERO Y SEGUNDO	**Competencia específica 1.** Adoptar un estilo de vida activo y saludable, seleccionando e incorporando intencionalmente actividades físicas y deportivas en las rutinas diarias, a partir de un análisis crítico de los modelos corporales y del rechazo de las prácticas que carezcan de base científica, para hacer un uso saludable y autónomo del tiempo libre, mejorando así la calidad de vida. **Competencia específica 3.** Compartir espacios de práctica físico-deportiva con dependencia de las diferencias culturales, sociales, de género y de habilidad, priorizando el respeto entre participantes y a las reglas sobre los resultados, adoptando una actitud crítica ante comportamientos antideportivos o contrarios a la convivencia y desarrollando procesos de autorregulación emocional, que canalicen el fracaso y el éxito en estas situaciones, para contribuir con progresiva autonomía al entendimiento social y al compromiso ético en los diferentes espacios en los que se participa.	**Competencia específica 1** **1.2.** Comenzar a incorporar con progresiva autonomía procesos de activación corporal, dosificación del esfuerzo, alimentación saludable, educación postural, relajación e higiene durante la práctica de actividades motrices, interiorizando las rutinas propias de una práctica motriz saludable y responsable. **Competencia específica 3** **3.3.** Hacer uso con progresiva autonomía de habilidades sociales, diálogo en la resolución de conflictos y respeto ante la diversidad, ya sea de género, afectivo-sexual, de origen nacional, étnica, socio-económica o de competencias motrices, mostrando una actitud crítica y un compromiso activo frente a los estereotipos, las actuaciones discriminatorias y cualquier tipo de violencia, haciendo respetar el propio cuerpo y el de los demás.	**A. Vida activa y saludable** **Salud física:** técnicas básicas de descarga postural y relajación. **Salud mental:** aceptación de limitaciones y posibilidades de mejora ante las situaciones motrices. La actividad física como fuente de disfrute, liberación de tensiones, cohesión social y superación personal. Reflexión sobre actividades negativas hacia la actividad física. **D. Autorregulación emocional e interacción social en situaciones motrices** **Gestión emocional:** el estrés en situaciones motrices. Sensaciones, indicios y manifestaciones. Perseverancia y tolerancia a la frustración. Asertividad y autocuidado.

Educación secundaria

Curso	Competencia específica	Criterios de evaluación	Saberes básicos
TERCERO Y CUARTO	**Competencia específica 1.** Adoptar un estilo de vida activo y saludable, seleccionando e incorporando intencionalmente actividades físicas y deportivas en las rutinas diarias, a partir de un análisis crítico de los modelos corporales y del rechazo de las prácticas que carezcan de base científica, para hacer un uso saludable y autónomo del tiempo libre, mejorando así la calidad de vida. **Competencia específica 3.** Compartir espacios de práctica físico-deportiva con dependencia de las diferencias culturales, sociales, de género y de habilidad, priorizando el respeto entre participantes y a las reglas sobre los resultados, adoptando una actitud crítica ante comportamientos antideportivos o contrarios a la convivencia y desarrollando procesos de autorregulación emocional, que canalicen el fracaso y el éxito en estas situaciones, para contribuir con progresiva autonomía al entendimiento social y al compromiso ético en los diferentes espacios en los que se participa.	**Competencia específica 1** **1.2.** Incorporar de forma autónoma los procesos de activación corporal, autorregulación y dosificación del esfuerzo, alimentación saludable, educación postural, relajación e higiene durante la práctica de actividades motrices, interiorizando las rutinas propias de una práctica motriz saludable y responsable. **Competencia específica 3** **3.1.** Relacionarse y entenderse con el resto de participantes durante el desarrollo de diversas prácticas motrices con autonomía y haciendo uso efectivo de habilidades sociales de diálogo en la resolución de conflictos y respeto ante la diversidad, ya sea de género, afectivo-sexual, de origen nacional, étnica, socio-económica o de competencias motrices y posicionándose activamente frente a los estereotipos, las actuaciones discriminatorias y cualquier tipo de violencia, haciendo respetar el propio cuerpo y el los demás.	**A. Vida activa y saludable** **Salud física:** educación postural con movimientos, posturas y estiramientos ante dolores musculares. Ergonomía en actividades cotidianas (frente a pantallas, ordenador, mesa de trabajo y similares). **D. Autorregulación emocional e interacción social en situaciones motrices** **Gestión emocional:** control de estados de ánimo y estrategias de gestión del fracaso en situaciones motrices. Asertividad y autocuidado.

Bachillerato

Curso	Competencia específica	Criterios de evaluación	Saberes básicos
BACHILLERATO	**Competencia específica 3.** Difundir y promover nuevas prácticas motrices, compartiendo espacios de actividad físico-deportiva con independencia de las diferencias culturales, sociales, de género y de habilidad, priorizando el respeto hacia los participantes y a las reglas sobre los resultados, adoptando una actitud crítica y proactiva ante comportamientos antideportivos o contrarios a la convivencia y desarrollando procesos de autorregulación emocional, que canalicen el fracaso y el éxito en estas situaciones para contribuir autónomamente al entendimiento social y al compromiso ético en los diferentes espacios en los que se participa, fomentando la detección precoz y el conocimiento de las estrategias para abordar cualquier forma de discriminación y violencia.	**Competencia específica 3** **3.1.** Establecer mecanismos de relación y entendimiento con el resto de participantes durante el desarrollo de diversas prácticas motrices con autonomía, haciendo uso efectivo de habilidades sociales de diálogo en la resolución de conflictos y respecto ante la diversidad, ya sea de género, afectivo-sexual, de origen nacional, étnico, socio-económica o de competencia motriz y posicionándose activa, reflexiva y críticamente frente a los estereotipos, las actuaciones discriminatorias y la violencia, así como conocer las estrategias para la prevención, la detección precoz y el abordaje de las mismas.	**A. Vida activa y saludable** **Salud física:** técnicas básicas de descarga postural y relajación. **Salud mental:** técnicas de respiración, visualización y relajación para liberar estrés y enfocar situaciones que requieren de gran carga cognitiva.

Concluyo, entonces, que el *mindfulness* queda justificado en nuestras programaciones de EF. Inclusive observo la integración de aquellas competencias, criterios y saberes que están relacionados con la higiene postural. La relación de esta con el *mindfulness* es estrecha, ya que ambos pueden complementarse para promover una mejor salud en general. El *mindfulness* nos ayuda a tener una mayor consciencia corporal, aspecto que también fomenta la higiene postural, mediante la cual se busca mantener una alineación adecuada y un equilibrio muscular para evitar tensiones y lesiones. El *mindfulness* fomenta la atención y consciencia de las sensaciones corporales y de nuestros movimientos, por lo que ambas técnicas contribuyen a ser más conscientes de nuestra postura para así poderla rectificar, en el caso que sea necesario. También podríamos hablar de que ambas técnicas favorecen la relajación y la reducción del estrés, ya que colaboran aliviando la tensión de los músculos y dan comodidad.

Explorando prácticas para fomentar el *mindfulness*

Principalmente se distinguen dos tipos de prácticas de *mindfulness*: las formales y las informales. Las primeras hacen referencia a prácticas como la respiración, el escáner corporal (*body scan*), el *mindfulness* caminando, la atención a los movimientos corporales, la alimentación consciente y la práctica de los tres minutos (García-Campayo, 2018). Respecto a las prácticas informales, son aquellas que centran la atención en una actividad o situación de nuestra vida diaria; por ejemplo: ducharnos, correr, andar, acariciar, etc. (García-Campayo, 2018).

En base a esta clasificación de las prácticas, muchos autores han planteado actividades para su desarrollo (Rechtscgaffen, 2016), las cuales se basan en ejercicios de meditación y respiración como medio para trabajarlos. En este libro nos basaremos en la clasificación realizada por Rechtscgaffen (2016), quien concreta las siguientes categorías:

- **Atención:** se basa en ejercicios donde mediante la meditación se lleva la atención en las sensaciones de la respiración.
- **Incorporación:** se basa en tomar consciencia de las sensaciones y las emociones que se están viviendo en nuestro cuerpo y en el estado en que se encuentra nuestra mente cuando nos movemos o hacemos actividades como yoga, danza, pilates, etc.
- **Corazón pleno:** se basa en ejercicios de imaginación donde se visualizan situaciones con otras personas y se toma consciencia de la forma en que estas nos afectan.
- **Interconexión:** se basa en ejercicios de meditación que centran la atención en los fenómenos exteriores (sonidos, olores, sabores, etc.) y en la manera en que estos nos afectan a nivel interno.

- **Inteligencia emocional:** propone ejercicios que facilitan la observación de nuestros juicios de valor, reflejan nuestras proyecciones y trabajan con nuestras emociones a partir de la meditación.
- **Comunicación mindful:** se basa en deconstruir pautas de comunicación viejas y dañinas. Invita a observar nuestras intenciones subyacentes y los efectos de nuestros actos hacia los demás a partir de la meditación y la reflexión.

Se justifica el uso de estas categorías por la experiencia que he tenido a la hora de realizar las actividades en los contextos escolares. Considero que es una clasificación que facilita la programación a docentes, ya que es clara, sencilla y se pueden organizar fácilmente las distintas actividades.

En el siguiente apartado comparto aquellas actividades que realicé en clase de EF, que me dieron buenos resultados y que han tenido buenas valoraciones por parte del grupo de estudiantes. No obstante, me gustaría aclarar que algunos de los ejercicios los he ido aprendiendo a lo largo de mi formación y, por lo tanto, no son de elaboración propia, pero tampoco conozco su autoría, ya que se repiten en muchos de los cursos en los que he participado (donde tampoco se sabe su autoría) e incluso algunos de ellos son milenarios. Por ello, quiero aclarar que en ningún momento en este libro se ha pretendido plagiar ninguna actividad, solamente he hecho una selección de aquellas actividades que he realizado en mis clases y que he aprendido en cursos de *mindfulness* y meditación, así como en las lecturas que he ido mencionando a lo largo del libro que han aportado resultados positivos. La mayoría de ellas las he ido adaptando a lo largo de los años. La finalidad es compartir buenas prácticas y en ningún caso apropiarme de ninguna de las actividades propuestas. Para conocer mejor algunos de mis referentes de ejercicios *mindfulness* que se aplican, es este caso, fuera del aula, de EF os recomiendo los siguientes autores: Kaiser (2017), Rechtschaffen (2017), Schoeberlein (2011), Palomas (2015), Timothy (2019), González y Rodriques (2016) y García-Campayo (2018).

EXPERIENCIA VIVA

Creando espacios de serenidad: primeros pasos para practicar *mindfulness* en clase

Para empezar el apartado de práctica vamos a centrarnos en responder tres preguntas básicas: cuándo, dónde y cómo debo ejercitar *mindfulness*. La primera pregunta que nos podemos plantear antes de aplicar el *mindfulness* en nuestra aula es en qué momento del día debo aplicarlo. No hay una respuesta única. Debemos entender que el *mindfulness*, en este caso, es un recurso que tenemos que utilizar cuando lo creamos conveniente. No obstante, recomiendo implementarlo a primera hora de la mañana antes de empezar la clase, es decir, establecerlo como un momento de conexión para diferenciar aquello que estábamos haciendo hace unos minutos en casa y la clase que va a empezar. En mi caso, lo he aplicado con mis estudiantes universitarios y comprobé que cambia totalmente el ambiente de clase, ya que suelen llegar con prisas y estrés, por lo tanto, dar un minuto o dos de respiración hace que empecemos la clase con otra energía. Otros momentos para aplicarlo es cuando haya estrés o hiperactividad como puede ser después del patio, al finalizar una clase de EF o tras una discusión o conflicto. Es fundamental que, sin importar el momento en que lo llevemos a cabo, nos esforcemos siempre por fundamentar el trabajo realizado. Por ejemplo, resulta pertinente explicar el motivo de iniciar las sesión con actividades de movimiento más activas y terminar la sesión con actividades más calmadas como puede ser el *mindfulness*.

Una vez que sabemos cuándo vamos a aplicar el *mindfulness*, deberemos elegir el lugar, el cual va a depender del contexto donde nos encontremos. Recuerdo tener un maestro que me comentó que deberíamos ser capaces de meditar en medio de la ciudad, ya que, en este caso la mente se focaliza en lo importante a pesar de los sonidos externos que pueden despistarnos (por ejemplo, sonidos de coches, personas, etc.). No obstante, esta es una práctica que requiere de mucho entrenamiento previo y no la recomiendo para estudiantes que se inician en estas técnicas. El lugar donde realicen las prácticas va a depender de la finalidad del ejercicio. Por ejemplo, puedo hacer los ejercicios en un aula cerrada con poca luz para lograr una mayor relajación del grupo o puedo hacerlos en un espacio abierto para hacer ejercicios de movimientos conscientes. No obstante, recomiendo buscar espacios que transmitan tranquilidad e intentar, siempre que sea posible, organizar al grupo en círculo o tumbados.

Finalmente, cuando ya tenemos claro el "cuándo" y el "dónde" deberemos focalizarnos en el "cómo". Anteriormente he comentado que me voy a basar en las fases de Rechtschaffen (2016), pero incorporando ejercicios que he ido aprendiendo a lo largo de los años que llevo practicando el *mindfulness*. Antes de empezar con los ejercicios es importante conocer el concepto de anclaje. Este concepto se refiere a la práctica de enfocar conscientemente la atención en un elemento específico del momento presente para reducir la distracción con nuestros pensamientos: estar en el aquí y el ahora. Aprender a anclarnos nos ayuda a tener una mayor consciencia del presente y también a calmar nuestra mente. Por ejemplo, nos podemos anclar en nuestra respiración (concentrarse en cómo se mueve mi abdomen cada vez que inhalo y exhalo), en las sensaciones (ir andando en silencio y poner la atención en cómo pisan mis pies en el suelo, o en el aire que roza mi piel mientras ando) o en los sonidos (centrarnos en los sonidos cercanos y/o lejanos), etc.

Una vez conocido el concepto de anclaje, debemos tener en cuenta cuánto tiempo debemos destinar a los ejercicios. Esto, evidentemente, va a depender de la experiencia previa de cada estudiante y del tipo de ejercicio.

Rechtschaffen (2016) recomienda no superar 1 o 2 minutos en las prácticas de respiración para principiantes, de 3 a 5 minutos en estudiantes menores de 12 años y de 5 a 10 minutos en estudiantes de más de 12 años. Contrastando estos datos con mi experiencia en educación, debo decir que cada docente debe autorregular el tiempo según las características del alumnado que tenga en el aula. Como profesionales docentes somos los que mejor sabemos si podemos alargar más una actividad o por el contrario acortarla. No obstante, por mi experiencia recomiendo que las prácticas de respiración no duren más de 1 minuto desde 1.º a 3.º de primaria y entre 1 y 3 minutos de 4.º a 6.º de primaria. A partir de secundaria no recomiendo superar los 4 minutos, ya que me he encontrado con estudiantes que al estar más de 3 minutos practicando por primera vez, esto les produce estrés y malestar. No obstante, en todos los casos siempre recomendaré ir progresivamente, ir de menos a más minutos y tener en cuenta la experiencia previa que tenga el alumnado.

Una vez conocido el concepto de anclaje y el tiempo que debemos dedicar a nuestras prácticas, vamos a centrarnos en cómo aplicamos estos ejercicios en el aula. Mi recomendación es que siempre que vayamos a introducir el *mindfulness* en nuestras clases expliquemos qué es, sus principales beneficios, y mostremos referentes tanto masculinos como femeninos de deportistas que utilizan esta técnica (por ejemplo: Kobe Bryant, Noack Djokovic, Carli Lloyd, Simone Biles, Michael Phelps, Serena Williams, etc.). Luego, es importante conocer qué posturas podemos utilizar cuando practicamos el *mindfulness*. García- Campayo (2018) define las siguientes:

- **Sentado o de dignidad:** consiste en sentarse en una silla normal, con el asiento plano, el respaldo recto y sin brazos y con los pies planos sobre el suelo. En el caso de EF podemos adaptar esta postura en el suelo o utilizando un cojín o un zafu con las piernas cruzadas. La espalda debe estar recta, los hombros relajados y las manos descansando sobre las rodillas o en el regazo.

- **Tumbado:** consiste en acostarse boca arriba sobre el suelo o sobre una superficie más cómoda como una esterilla de yoga o alfombra. Los brazos están extendidos a los lados del cuerpo, con las palmas hacia arriba, y las piernas ligeramente separadas. La cabeza debe estar en una posición neutral, ni demasiado alta ni demasiado baja.
- **Postura del astronauta:** también conocida como la postura de 90 grados, esta postura se realiza sentado en el suelo con las piernas extendidas y apoyadas en una superficie elevada, como una silla, formando un ángulo de 90 grados en las caderas y rodillas. La espalda debe estar apoyada en el suelo y los brazos pueden descansar a los lados. Esta posición alivia la tensión en la espalda baja y las piernas, favoreciendo la relajación y la circulación.

En mi experiencia, siempre recomiendo practicar *mindfulness* en una postura sentada, ya sea en el suelo o en una silla, y raramente en la posición tumbada o de astronauta. La razón es que, por lo general, asociamos estar tumbados con dormir, lo que puede dificultar la concentración y aumentar el riesgo de quedarse dormido. Es importante recordar que si nos dormimos durante la práctica de *mindfulness*, estamos haciendo lo contrario de lo que se pretende lograr. Por ello, la de tumbado y la de astronauta recomiendo que solo se utilicen para el ejercicio del body scan.

En cualquiera de las posturas anteriores siempre deberemos tener en cuenta varios puntos (García-Campayo, 2018):

- Tener la espalda recta y cómoda. Nos podemos imaginar que nos estiran de un hilo des de la coronilla y nos colocamos en una postura "digna".
- Colocar las manos encima de nuestras piernas.
- Los pies deben estar apoyados en el suelo.
- Relajar los músculos de la cara.
- Los ojos pueden estar abiertos, semicerrados o cerrados. Recomiendo que intentemos hacerlo con los ojos cerrados. No obstante, si tenemos algún estudiante que no puede cerrarlos le podemos invitar a que los tenga semicerrados o cerrados y que se focalice en un punto del suelo.
- Junto a los anteriores aspectos también debemos intentar tener la barbilla un poco inclinada hacia el suelo y respirar siempre por la nariz (a no ser que estemos resfriados y entonces podemos respirar por la boca) y abrir el pecho tirando los hombros un poco hacia atrás.

Si tenemos claras las anteriores explicaciones ya estamos preparados para empezar con la práctica. Para ello, en el siguiente apartado presento una lista de ejercicios de *mindfulness* que se pueden aplicar en vuestras clases de EF y que organicé según cada una de las fases de Rechtschaffen (2016). Es importante tener en cuenta que, aunque las fases estén presentadas en un orden específico, esto no significa que debamos necesariamente aplicar las actividades en ese mismo orden. No obstante, mi recomendación es que empecemos por los ejercicios de atención, sobre todo enseñar a respirar y anclar nuestra atención en la respiración.

En los ejercicios se podrá observar que he realizado una clasificación según el curso donde se vaya a aplicar (**P-PRIMARIA, S- SECUNDARIA, U- UNIVERSITARIA, FP- FORMACIÓN PROFESIONAL**). Es importante entender que esta clasificación se basa en mi experiencia como docente y que debe tomarse como una orientación.

Finalmente, para iniciar al alumnado en los diversos ejercicios de *mindfulness*, es importante considerar las rutinas de práctica. Una de estas consiste en emplear un sonido que marque el inicio y otro que señale el fin del ejercicio. En mi caso, suelo utilizar el sonido de un cuenco, aunque también es posible elegir otros sonidos agradables, como el de un instrumento musical, por ejemplo, un triángulo.

Otra rutina consiste en realizar tres respiraciones profundas antes de comenzar el ejercicio elegido para la sesión. Personalmente, tras el sonido inicial del cuenco, invito al grupo de estudiantes a realizar tres inhalaciones y exhalaciones completas y profundas. En ocasiones particulares, antes de las respiraciones, les sugiero cerrar los ojos y formulo las siguientes preguntas: "¿Qué pensamientos tengo en este momento? Obsérvalos y déjalos pasar, ¿cómo está mi respiración ahora? ¿Cómo estoy físicamente? ¿Y emocionalmente?

Esta rutina es una recomendación, pero tú también puedes crearte tu propia rutina inicial o crearla con tu grupo.

Ejercicios de Atención

Explicar los tipos de respiración que existen y practicarlas: abdominal, torácica y la clavicular (P-S-U- FP)

La respiración abdominal es una forma profunda de respirar que implica la expansión y contracción del diafragma. Esto es llenar de aire la zona de nuestra barriga. La respiración torácica se centra en la parte superior del pecho y las costillas. Al inhalar, la caja torácica se expande hacia los lados y hacia arriba. Al exhalar, la caja torácica se contrae. Esta respiración la podemos observar en situaciones de estrés y ansiedad. Por último, la respiración clavicular, involucra a la parte superior de los pulmones, los músculos del cuello y los hombros. Al inhalar, elevamos la parte superior del pecho y los hombros. Al exhalar, estos músculos se relajan. Esta respiración es la menos eficiente y suele aparecer en situaciones de tensión.

Debemos entender que una respiración natural y saludable combina los tres tipos de respiraciones, por lo que, enfocarnos en utilizar los tres tipos de forma equilibrada puede ser beneficioso para relajarnos y mejorar nuestro bienestar.

Aprender a hacer una respiración completa (P-S-U-FP)

Esta respiración implica a todo el sistema respiratorio para inhalar y exhalar de manera profunda. A menudo, en la vida cotidiana, solemos respirar de manera superficial y limitada, solo utilizando la parte superior de los pulmones. En este caso propongo hacer una inhalación lenta y profunda a través de la nariz, poniendo la atención en cómo se van llenando nuestros pulmones, cómo se extiende el abdomen y cómo asciende nuestro diafragma. Luego retenemos brevemente el aire (no recomiendo hacer este paso con estudiantes de primaria) y luego exhalamos de forma controlada por la boca o nariz poniendo atención en cómo el abdomen se contrae (si quieres aplicar la información sobre la respiración, recomiendo el dossier informativo gratuito "Aprende a respirar" de CET 10 Wellnessjob, ver QR).Generalmente, en el *mindfulness* inhalaremos y exhalaremos por la nariz, excepto cuando estemos resfriados o tengamos problemas para respirar por la nariz. En este caso, simplemente lo haremos por la boca. Para este ejercicio no recomiendo marcar el tiempo de inhalación y exhalación, sino que cada estudiante lo realice según el ritmo de su respiración natural.

Para llevar a cabo los ejercicios de respiración, también podemos optar por utilizar, en ocasiones específicas, técnicas de respiración guiada, como las siguientes elaboradas por *Creative Mindfulness Animation*:

Aprende a respirar. CET 10

Técnicas de respiración guiadas

Utilizar la bola extensible para aprender a hacer una respiración completa (P)

Consigue una bola extensible (normalmente las venden en las jugueterías), la cual tiene la característica de que se puede estirar y comprimir. Normalmente está hecha de goma o silicona y se utiliza para ejercitar las manos y los dedos, con el propósito de mejorar la coordinación. Cuando tengas la bola, busca un lugar tranquilo y cómodo para sentarte y sujeta la bola con ambas manos. Intenta sentarte con la espalda recta, los hombros y abdomen relajados. Inhala por la nariz mientras expandes la bola extensible. Con cada inhalación, siente cómo se expande tu abdomen y se llena de aire. Exhala lentamente por la nariz o boca mientras la bola extensible se contrae y tu abdomen se relaja.

Vamos repitiendo el ejercicio y a medida que vamos avanzando debemos intentar sincronizar nuestra respiración con la bola extensible, inhalando mientras se expande y exhalando mientras se contrae. Este ejercicio lo puede hacer el profesorado con la bola extensible en la mano y que el alumnado se sincronice con el ritmo de la bola que le marque.

Traer la respiración al vientre (P-S-U-FP)

Nos tumbamos en el suelo o en una esterilla. Cerramos los ojos y ponemos nuestras dos manos en nuestro vientre. Debemos traer la atención en el movimiento que hace el abdomen cada vez que respiramos e inhalamos. Cuando venga un pensamiento que nos distraiga debemos intentar detectarlo, observarlo y dejarlo pasar para volver a centrarnos en la respiración. Durante el ejercicio podemos ir haciendo preguntas como si nuestra respiración es profunda o superficial, lenta o rápida, relajada o tensa, corta o larga o dónde la notamos (¿en el abdomen, en el torso o en la zona clavicular?). En este caso, para los de menor edad, una variación sería ponerles un peluche sobre el abdomen y ver cómo con su respiración va subiendo y bajando. En este punto, deberemos ayudar a asociar el subir el abdomen con la inhalación y el bajarlo con la exhalación.

Contando respiraciones (P-S-U-FP)

En este ejercicio vamos a anclarnos en nuestra respiración. Encuentra un lugar donde sentarte o acostarte. Cierra los ojos. Comienza a inhalar profundamente, contando mentalmente 1, luego exhala lentamente. Vuelve a inhalar profundamente y cuenta mentalmente 2, luego exhala lentamente. Así sucesivamente. No hay un número concreto al que llegar, en lo único que debemos incidir es en hacer una respiración a ritmo lento-normal y no acelerado. En este caso la dificultad es que debemos prestar atención al momento en el que nos distraemos. Si durante el conteo me viene un pensamiento que me distrae, debo detectarlo, observarlo y, sin juzgar, dejarlo pasar. En este caso, volveríamos a empezar la numeración desde el inicio.

Contar con los dedos (P-S-U-FP)

Para este ejercicio nos vamos a sentar y a colocar las dos manos abiertas encima de nuestras piernas. Cada vez que hagamos una respiración completa (inhalación-exhalación), tendremos que cerrar uno de los dedos y así sucesivamente hasta que tengamos todos los dedos de la mano cerrados.

En caso de querer alargar el ejercicio podemos hacer el recorrido inverso, es decir, cuando hagamos una respiración completa, abrir uno de los dedos hasta tener toda la mano abierta.

Contar con los dedos

Levantar la mano cada vez que nos distraemos (P-S-U-FP)

Estos ejercicios tienen la finalidad de detectar de forma visual cuándo nos distraemos durante una práctica de *mindfulness*. Cerramos los ojos y nos sentamos en una posición cómoda y centramos nuestra atención en el aire que sale de nuestras fosas nasales. Cada vez que nos distraemos debemos levantar la mano con los ojos cerrados. Esto quiere decir que me he distraído. Observo el pensamiento, lo dejo pasar sin juzgar y bajo la mano para volverme a centrar en el aire que entra y sale de mi nariz.

Levantar la mano

Ruta + Ejercicio de las 10 piedras (P-S-U-FP)

Proponemos salir a caminar al aire libre. La duración y el lugar de la ruta depende de las condiciones de cada centro educativo y queda a la elección del cuerpo docente. No obstante, recomiendo que antes de empezar la ruta se proponga hacer el camino en silencio y que, durante el recorrido, el grupo de estudiantes se ancle en un aspecto que elija. Por ejemplo, ando en silencio y pongo la atención en la respiración, la forma de pisar, el aire que roza mi cuerpo, las piedras del suelo, etc. Durante el recorrido tienen la misión de recoger 10 piedras pequeñas que puedan sostener en su mano.

Cuando terminemos la ruta o en un punto del camino, nos acomodamos en el suelo y con las 10 piedras realizamos el siguiente ejercicio: nos sentamos en un lugar tranquilo y cómodo. Cogemos una de las piedras y cerramos los ojos. En silencio la tocamos con cuidado, sintiendo su textura, su temperatura y su forma en nuestras manos. Luego abrimos los ojos para observar los detalles, los colores, las marcas en la piedra. Colocamos la piedra junto con el resto a un lado de mi cuerpo. Cerramos los ojos. Inhalamos, cogemos una piedra y la llevamos al otro lado de nuestro cuerpo durante la inhalación.

Dejamos la piedra y exhalamos mientras nuestra mano vuelve al montón de piedras del otro lado de mi cuerpo. Repetimos el proceso hasta que tengamos todas las piedras al lado contrario de donde habíamos empezado. Después del ejercicio recomiendo hacer una reflexión sobre cómo se han sentido durante su práctica, qué han notado acerca de las piedras que no habrían notado antes, de qué les puede servir este ejercicio para su día a día, etc.

Ejercicio de la pasa (P-S-U-FP)

Pedimos al alumnado que dibujen una pasa. Luego le daremos una a cada alumno. Se trata de ver este fruto como un elemento nuevo. Pondremos la atención en la pasa desde los diferentes sentidos. Primero, la observaremos detalladamente y la dibujaremos en la esquina de la hoja inicial que hemos hecho, enfocándonos en aquellos elementos que no habíamos dibujado inicialmente. Después cerraremos los ojos, escucharemos el ruido de la pasa mientras la movemos en las manos y también la olemos. Cuando terminemos, la meteremos en nuestra lengua, sin masticar, solo observando qué textura tiene, para después masticar muy lentamente y nos imaginaremos el recorrido que hará el alimento en nuestro cuerpo.

Este ejercicio se puede hacer con otros alimentos. No obstante, recomiendo que siempre sean alimentos saludables. Este ejercicio nos puede servir para introducir contenidos de las sesiones sobre alimentación que realicemos en nuestras clases de EF. Si tenéis interés en ampliar la información sobre el *mindfulness* aplicado a la comida, recomiendo el libro de Chozen (2013). Este se focaliza en el "*Mindful eating*" o "Alimentación consciente", la cual consiste en prestar atención plena y consciente a cada aspecto de la experiencia alimentaria (¿cómo comemos? ¿cómo son los alimentos que ingerimos? ¿qué sensaciones nos producen en nuestro cuerpo? ¿qué comemos según las emociones que sentimos?).

El cuenco (ejercicio de la maestra Paki Crespo Jiménez) (P-S-U-FP)

Planteamos al grupo de estudiantes cerrar los ojos para agudizar su percepción auditiva en el entorno del gimnasio. Durante el ejercicio, les pedimos que mantengan su concentración y les informamos que haremos sonar un cuenco tibetano tres veces. Les indicamos que deben elevar la mano cuando ya no perciban el sonido producido por el cuenco tras cada golpe. Podemos hacer los golpes que consideremos necesarios, aunque mi recomendación es que no lo hagamos más de 3 veces.

Ejercicios de In-corporación

Body scan o Escaneo corporal (P-S-U- FP)

El ejercicio consiste en cerrar los ojos y centrar nuestra atención en diferentes partes de nuestro cuerpo. Guiaremos al alumnado para que focalice la atención en las partes indicadas: en el pie derecho, en el abdomen, etc. Entonces, nos concentramos en cada parte. Se trata de prestar atención a su forma, el espacio que ocupa y sus características. Empezaremos por los pies, subiendo por los tobillos, las piernas, los glúteos, cintura, espalda, abdomen, brazos, hombros, cara y cabeza. Es recomendable empezar con las partes del cuerpo que sean mayores para avanzar hacia partes más pequeñas. Para adaptarlo a estudiantes de menor edad podemos hacer que visualicen un animal inofensivo, como por ejemplo una hormiga o una mariposa paseando por su cuerpo; cuando el animal se coloca encima de una parte del cuerpo, debemos relajarla para que no se vaya.

Body scan

Body scan o Escaneo corporal en movimiento (P-S-U- FP)

Proponemos al grupo de estudiantes realizar 2 minutos de carrera. Para este caso no importa el tiempo, ni el ritmo que lleven. Les pedimos que lleven su atención a diferentes partes de su cuerpo. Deben comenzar desde los pies y subir gradualmente hasta la cabeza para observar aquellas sensaciones físicas y las áreas de tensión que aparezcan. El propósito es que se mantengan anclados en su cuerpo durante la carrera. Posteriormente podemos compartir lo que hemos sentido.

Nosotros en plastilina (P-S-U- FP)

Cogemos un trozo de plastilina. Nos ponemos en círculo, cerramos los ojos, hacemos unas respiraciones conscientes, inhalando y exhalando lentamente. Nos centramos en un problema o algo que nos preocupe en ese momento mientras vamos dando forma a la plastilina. Dejamos el trozo de plastilina lentamente delante de nuestra posición y abrimos los ojos. En este caso, al estar sentados en círculo, vamos a colocarnos en el lugar de la persona que esté a mi derecha, de tal forma que delante de mí se encuentre el trozo de plastilina que esta hizo. Debo prestar atención en silencio a lo que ha hecho e imaginarme qué ha querido mostrar. Para ello, dedicaremos unos minutos a representar corporalmente el trozo de plastilina que encontré y lo intentaremos poner en un contexto. Por ejemplo, si ha hecho una mascarilla, con mi cuerpo puedo representar a una persona que se está poniendo una mascarilla en un hospital y va a visitar a su amigo. Se trata de un ejercicio de expresión corporal que nos sirve para contextualizar aquello que creemos que ha querido expresar mi compañero/a. Estas acciones las podemos repetir para cada una de las esculturas que se han hecho, o simplemente elegir una para representar. Al final la idea es que cada cual explique qué ha querido representar con su plastilina y compartir lo que el resto había interpretado.

Zoom al cuerpo (P)

Para este ejercicio debemos tener unas lupas y ponernos por parejas. Además, también vamos a necesitar un folio en blanco y unos colores. Debemos observar con la lupa algunas de las partes de nuestro cuerpo como los brazos, las manos, la cara, el pelo, los pies o las piernas. Nos centramos en una de estas partes y dibujamos al detalle aquello que observamos. Además, podemos complementarlo con palabras, emociones o frases que nos vengan a la cabeza cuando observamos detenidamente esa parte del cuerpo. Para este ejercicio debemos tener en cuenta que, a veces, hay grupos en los que realizar este ejercicio puede ser un problema. Si como docentes consideramos que esto puede ser así, podemos hacer el ejercicio, pero de forma individual y delante de un espejo. Luego se pueden compartir las reflexiones y dibujos con el resto de clase o aprovechar estos ejercicios para abordar el cuerpo humano en el aula, por ejemplo, mediante un trabajo por proyectos. De esta forma vinculamos la EF con otras materias.

Consciencia en movimiento (P-S-U-FP)

Podemos hacer este ejercicio con o sin música. Para ello primero empezamos con la parte de agitación. Ponemos una música animada o simplemente decimos: —"¡A moverse!". El propósito es que el grupo de estudiantes se mueva de forma enérgica. Pueden hacer lo que quieran: saltar, mover los brazos, interactuar con otros u otras estudiantes (bailar, saltar, etc.), hacer movimientos que les gusten, etc. Transcurridos 1 o 2 minutos ponemos una música más tranquila o decimos: –"¡Quietos!".

En este punto, pedimos al alumnado que se tumbe en el suelo y preste atención a cómo está su respiración, luego a la velocidad de los latidos de su corazón y a cómo este va volviendo al ritmo natural. Luego podemos pedirles que observen las distintas partes de su cuerpo para notar si hay tensiones e intentar relajarlas. Finalmente, terminamos con unas respiraciones conscientes, teniendo en cuenta cómo el aire entra y sale de nuestra nariz.

Caminar *mindful* (S-U-FP)

Este ejercicio consiste en caminar de manera consciente y estar presente en cada paso que damos. Para ello, debemos pedir al grupo de estudiantes que se ponga en una parte del patio o aula y que tenga suficiente espacio para hacer unos 4-5 pasos en línea recta. Les pedimos que se pongan de pie, cierren los ojos y presten atención a cómo apoyan los pies en el suelo, a cómo tenemos la postura de nuestro cuerpo y finalmente tomamos unas respiraciones profundas. Luego empezamos a caminar muy lentamente, observando la subida y bajada de los pies y cómo se colocan en el suelo. Entonces les podemos pedir que observen cómo el peso de su cuerpo se traslada de un pie a otro. Si nos vienen pensamientos que nos distraen debemos detectarlos, observarlos sin juzgar y volver a llevar nuestra atención en caminar. Finalmente, podemos incorporar la respiración, por ejemplo, inhalar durante tres pasos y exhalar durante tres pasos.

Después del ejercicio pedimos al alumnado que abra los ojos y camine un minuto a su ritmo normal. Nos sentamos y reflexionamos sobre la utilidad de este ejercicio para nuestro día a día, así como para detectar aquellas emociones y sensaciones que hemos vivido durante la práctica.

La palabra mágica (P)

Primero explicamos al grupo de estudiantes que vamos a introducir una nueva regla en las clases. Explicamos que cada vez que digamos una palabra (por ejemplo, STOP) deberemos cerrar los ojos, observar nuestra postura y rectificarla para luego hacer 3 respiraciones conscientes y profundas. Recomiendo que la palabra se elija entre toda la clase.

Atención a los estiramientos (P-S-U-FP)

Podemos pedir al grupo de estudiantes que haga un estiramiento suave de alguna parte de su cuerpo. En ese momento, les pedimos que cierren los ojos y se centren en las sensaciones de la zona que está estirando. Luego les decimos que inhalen y exhalen lentamente e intenten liberar tensión de la zona que se está estirando. Les podemos hacer la metáfora de que es como si con la inhalación cogiéramos el "dolor" que nos produce el estiramiento y con la exhalación intentáramos quitarlo de nuestro cuerpo o aliviarlo.

Atención en el cuerpo en movimiento (ejercicio de la maestra Ana María Engo Grau) (S-U-FP)

En este ejercicio de atención al cuerpo en movimiento, utilizamos la canción *"What was I made for?"* de Billie Eilish en la primera parte y la de *"Cold Little Heart"* de Michael Kiwanuka en la segunda parte. Además, se recomienda crear un ambiente con luz tenue y estar descalzos, lo que ayuda a las personas participantes a ser más conscientes de sus cuerpos y a disfrutar del ejercicio.

Primera parte

1

Comenzamos sentados y pedimos a los y las participantes que se levanten en el mismo lugar sin abrir los ojos y realicen tres respiraciones profundas.

2

Con los ojos abiertos para poder desplazarnos por todo el espacio, se les pide que caminen lentamente al ritmo de la música. Les indicamos que miren el suelo o sus pies mientras caminan para concentrarse en la actividad y evitar distracciones al cruzar miradas con otras personas.

3

Continuamos caminando, pero ahora nos enfocamos en la respiración. Cada dos pasos inspiramos y cada dos pasos espiramos, sintiendo el aire entrar y salir por la nariz.

4

Aumentamos la profundidad de las respiraciones. La inspiración dura cuatro pasos, seguida de una espiración de cuatro pasos.

5

Mantenemos la secuencia de cuatro pasos en cada ciclo de respiración, pero al espirar cambiamos la dirección de nuestro desplazamiento hacia atrás. No importa la orientación en el espacio, solo que los cuatro pasos de inspiración son hacia adelante y los de espiración hacia atrás.

Segunda parte

6

Nos detenemos, cerramos los ojos y realizamos tres respiraciones profundas, ocupando el espacio de manera dispersa.

7

Sin levantar los pies del suelo, comenzamos a balancearnos, centrándonos en la planta de los pies, observando cómo cambia nuestro punto de apoyo y la posición de los dedos.

8

Continuamos balanceándonos sin levantar los pies, pero ahora centramos nuestra atención en la cadera, iniciando el movimiento desde este punto.

9

Seguimos balanceándonos sin levantar los pies y, esta vez, enfocamos nuestra atención en los hombros y el torso para iniciar el movimiento.

10

Detenemos el balanceo y, poco a poco, iniciamos el movimiento desde la cabeza, redondeando la espalda mientras bajamos al suelo. Nos concentramos primero en el peso de la cabeza, luego en el peso de los brazos, que nos guían hasta llegar al suelo. Sin abrir los ojos, nos tumbamos en posición supina.

11

Colocamos las manos sobre el abdomen y nos centramos en cómo se hincha en la inspiración, separando los dedos y cómo se deshincha en la espiración.

12

Ahora colocamos las manos sobre las costillas y nos concentramos en cómo se abren durante la inspiración y se cierran durante la espiración

13

Permanecemos en posición tumbada con los ojos cerrados y llevamos a cabo una meditación guiada final. En este caso, se utiliza un audio de Lucía Quintero titulado "Relajación guiada para clases de Educación Física Controlar el sobrepeso," al que se puede acceder a través de YouTube.

Ejercicios de Corazón pleno

Soy yo (P-S-U- FP)

Para este ejercicio necesitamos un papel y un rotulador. Cada estudiante debe dibujarse en el papel haciendo diferentes acciones que representen "cómo soy" y "cómo me gustaría ser". Una vez realizado el dibujo, cada estudiante sale delante de la clase para representar con mimo lo que ha dibujado. El resto de clase debe prestar atención e intentar adivinar qué nos quiere decir la persona que está representando.

Dependiendo del número de estudiantes por aula, podemos hacer este ejercicio por grupos. Este ejercicio lo recomiendo para los primeros días de curso.

Meditación de corazón (S-U- FP)

Antes de empezar el ejercicio, pensamos en una persona que amamos, otra con quien tenemos un conflicto y una tercera con quien tenemos una relación neutra. Cuando las tenemos seleccionadas, cerramos los ojos y realizamos una meditación guiada: el alumnado se imagina en una habitación vacía donde van entrando individualmente las personas en las que ha estado pensando. Cuando entra una persona, esta se sitúa delante de quien realiza el ejercicio y se miran a los ojos. Se trata de ver qué emociones despierta estar delante de esa persona para posteriormente desearle que esté bien y que sea feliz. Tiempo del ejercicio 5 minutos y 5 minutos de reflexión.

Meditación de corazón

Ejercicios de Interconexión

Multisensorialidad (P-S-U- FP)

El alumnado está con los ojos cerrados escuchando las indicaciones de quien les dirige, que les guiará para que focalicen su atención en cada uno de los sentidos. Por ejemplo, concentrarse en lo que son capaces de escuchar en este momento. Siempre intentaremos ir más allá de los ruidos más evidentes e intentaremos detectar aquellos elementos que normalmente no percibimos. Este ejercicio lo realizaremos con cada uno de los sentidos.

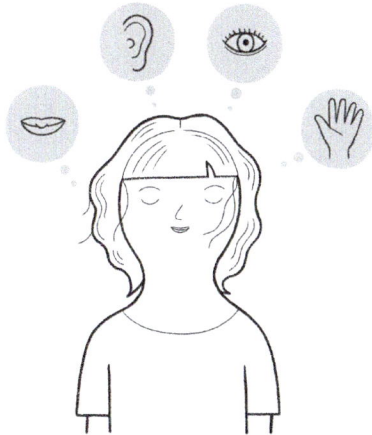

Multisensorialidad + Ruta (P-S-U- FP)

Podemos plantear hacer una ruta sencilla prestando atención a la multisensorialidad. En este caso, primero deberemos elegir el recorrido. Luego, durante el recorrido les vamos dando instrucciones para que tomen en cuenta diversos sentidos: ¿qué somos capaces de oler/escuchar/sentir (tacto) en este momento? También podemos incorporar el gusto si nos llevamos alguna pieza de comida.

Mi latido (P-S-U- FP)

Buscamos un lugar tranquilo para sentarnos o tumbarnos. Cerramos los ojos. Ponemos nuestra mano encima de nuestro corazón. Anclamos la atención al sonido de nuestro latido cardíaco. Pedimos que noten cada latido sin intentar controlar el ritmo, simplemente observándolo. Pasados unos minutos retiramos la mano del pecho sin dejar de percibir el latido de nuestro corazón. De este modo, intentamos escuchar nuestro corazón sin la ayuda de la mano. En caso de que nuestra mente divague, debemos darnos cuenta, observar el pensamiento, dejarlo pasar y volvernos a centrar en los latidos de nuestro corazón.

El palo (P)

Para este ejercicio necesitamos un palo de agua. El grupo de estudiantes se sienta en el suelo, pedimos que cierren los ojos y que presten atención a lo que van a escuchar. Les proponemos que imaginen que están en un paisaje que les guste mucho y que observen que empiezan a llegar algunas nubes. Les decimos que visualicen que las nubes dejan caer algunas gotas. En este momento es cuando sacamos el palo de agua y lo hacemos sonar para que aprecien cómo el agua les cae encima del cuerpo. Podemos terminar la historia diciendo que las nubes se van, que ellos se sienten relajados, frescos, y por ello hacen unas respiraciones profundas. La historia la podemos adaptar según las edades. Una adaptación de este ejercicio puede ser hacerlo con un cuento motor y, en el momento de la lluvia, pedir que se tumben en el suelo prestando atención a la lluvia que les cae sobre el cuerpo. Lo importante es mantener este momento de "calma" cuando utilizamos el palo de agua, para que lo aprecien cuando se imaginan que les caen las gotas encima del cuerpo.

Atención a los objetos (P-S-U- FP)

Podemos pedir al grupo de estudiantes que coja una pelota de tenis y que cierre los ojos. Podemos guiar una meditación donde pongan su atención en distintos aspectos del material: su peso, su forma, su textura, su temperatura, su olor, su sonido, etc. Este ejercicio lo podemos hacer con otros materiales típicos de la asignatura (por ejemplo, una raqueta). De forma opcional, antes de esta práctica, podemos pedirles que dibujen el objeto y, después de esto, que lo modifiquen basándose en los detalles que han percibido con la meditación.

Ejercicios de Inteligencia emocional

Merge cube (S-U- FP)

Para esta actividad es necesario tener un *Merge Cube*, que es un dispositivo que mezcla la realidad aumentada, la realidad virtual y la vida real para producir un juguete. El resultado es un holograma en tus manos que cambia para convertirse en dinosaurio, camión de bomberos, monstruo, auto o casi cualquier cosa. El *Merge Cube* se puede comprar o imprimir. Recomiendo la segunda opción, ya que es la más económica y accesible. Para utilizarlo, simplemente debes tener un dispositivo móvil, tableta o gafas de RV.

APP Moment AR con Merge Cube. Fuente: Irene López Secanell

Dos días antes de empezar la sesión se pide al alumnado que imprima y monte su *Merge Cube*. Aparte, también se les pide que instalen en su teléfono móvil la APP Moment AR (incluso se puede hacer en las tabletas del centro). Esta APP ayuda al alumnado a trabajar las emociones, hablar sobre sí mismo y sus sentimientos. Para ello, se utilizan atractivos personajes de dibujos animados con tecnología de realidad aumentada para involucrar al grupo en discusiones sobre las emociones. De esta forma, cuando en nuestro teléfono móvil enfocamos al *Merge Cube*, nos aparecen personajes interactivos y atractivos que cobran vida y representan distintas situaciones emocionales e interacciones sociales.

Cuando ya tenemos el *Merge Cube* y la APP, primero se dejan 5 minutos durante los cuales cada estudiante debe usar su móvil para acceder a la aplicación Moment AR. Este espacio de tiempo se dedica a explorar la aplicación y ver sus funcionalidades. Al entrar en la APP se observan 4 categorías: emociones, lenguaje, social y "scrubber". Para esta actividad únicamente se han utilizado las categorías de emociones y lenguaje. En la categoría de las emociones aparecen personajes interactivos que representan las emociones básicas (tristeza, alegría, enfado, etc.). En la categoría de lenguaje, aparecen los personajes interactivos en distintas situaciones cotidianas. Cada situación se vincula con una emoción. Por ejemplo, encontramos un personaje viendo una película de terror y tiene miedo.

Cuando ya conocemos la APP, se pide al alumnado que se ponga en grupos de tres o cuatro y que accedan a la categoría de "emociones". Dentro de este apartado, se debe elegir una de las escenas representadas por los personajes interactivos. Luego deben preparar una escena breve donde se vea claramente la escena que han elegido, así como la emoción que se representa. Para realizar la escena se pone como limitación que no se puede hablar.

Después de la anterior actividad, cada estudiante debe seleccionar uno de los personajes que aparecen en la categoría de "lenguajes". Individualmente deben hacer una escena donde se reproduzca la emoción y la acción que realiza su personaje interactivo. Durante la representación de la escena, el profesor o profesora pide al estudiante que se quede quieto y que alguno de los participantes que está de público entre en escena para crear una situación donde se plantee un problema y un desenlace. Por ejemplo, si el estudiante está realizando una escena donde aparece un niño jugando con un avión, el participante que se incorpora a escena puede hacerlo como el papel de padre. El padre le dice al niño que debe hacer sus deberes antes de jugar, pero el niño no obedece. Para esta situación deberán buscar una solución y salir de escena.

Para terminar la sesión, nos sentamos en círculo en el suelo y compartimos oralmente los aprendizajes desarrollados en la sesión. Reflexionamos en torno a preguntas como:

¿Qué emociones me cuesta representar? ¿Por qué?

¿Cuáles me resultan más fáciles? ¿Por qué?

¿Cómo representamos las emociones básicas con el cuerpo?

¿Por qué solemos representarlas siempre de la misma manera?

¿Qué creencias culturales y estereotipos hay detrás de nuestras representaciones corporales?

¿Cómo podemos cambiarlas?

El diario de *mindfulness* (P-S-U- FP)

Esta herramienta es de autorreflexión y autoconsciencia. La podemos utilizar durante la clase, pero lo más común (para poder invertir más tiempo motor), es utilizarla como deberes en casa. Podemos pedir que cada alumno o alumna tenga su libreta para dedicarla a hacer su diario *mindfulness* donde va a registrar y explorar sus pensamientos, emociones y experiencias desde la atención plena. Podemos darles algunas preguntas para que escriban en su diario *mindfulness* durante el fin de semana.

Por ejemplo: ¿Qué emociones he sentido durante el fin de semana? ¿Hay alguna que me ha generado malestar? ¿Qué he hecho para gestionar esta emoción?

O pautas como: realiza tu deporte favorito de forma consciente. Durante la realización de este dedica unos momentos a prestar atención a la postura de tu cuerpo (¿cómo estás colocado? ¿puedes imaginarte detalladamente realizando un golpe o movimiento durante el deporte que vayas a practicar?), presta atención a los objetos de juego (¿cómo es la pelota de juego?, ¿qué textura tiene, qué peso tiene, puedes imaginarte detalladamente golpeando la pelota?, etc.), ¿cómo te sientes después de hacer deporte? Describe tus sensaciones.

También puede ser útil, si en la clase de EF hemos vivido algún momento de conflicto, sugerir que reflexionen sobre ello en el diario y que lo traigan el próximo día de clase para comentarlo conjuntamente.

En el diario también les podemos pedir que practiquen algunos ejercicios concretos que hemos realizado previamente en clase. Para ello, en el diario podemos utilizar estas preguntas que nos pueden servir de esquema para otros días:

- Explicación del ejercicio a realizar y duración recomendada del mismo (a proporcionar por el docente).
- Añadir las siguientes preguntas que deben responder al finalizar la práctica:
  - ✓ Observaciones generales durante la práctica: ¿Qué has observado durante el ejercicio?
  - ✓ Sensaciones físicas: ¿Cómo te has sentido físicamente durante la práctica?
  - ✓ Reflexiones personales: ¿Qué pensamientos o emociones han surgido durante la práctica?
  - ✓ ¿Cómo es tu estado emocional y mental después de haber completado el ejercicio de *mindfulness*? ¿Observas algún cambio en tu estado emocional o mental en comparación con tu estado previo al inicio de la práctica?
  - ✓ Aprendizajes: ¿Qué has aprendido con esta práctica?

En el caso de los primeros cursos de primaria puedes adaptar las preguntas de la siguiente forma:

- ¿Qué has notado mientras hacías el ejercicios?
- ¿Cómo te has sentido?
- ¿Cómo te sientes ahora?
- ¿Qué has aprendido?

Por último, es importante mencionar que el diario de *mindfulness* puede ser utilizado como un instrumento de evaluación en diversas asignaturas. Por ejemplo, en Educación Física podemos enfocarnos en evaluar las prácticas realizadas por los estudiantes, mientras que en lengua podemos centrarnos en la redacción y la ortografía. De este modo, fomentamos el trabajo interdisciplinario, integrando diferentes áreas de aprendizaje y promoviendo un enfoque holístico en la educación.

Ejercicios de Comunicación *mindfulness*

Observaciones de nuestro día a día (P-S-U- FP)

Este ejercicio lo podemos aplicar cuando haya una situación de desacuerdo, conflicto o discusiones en clase. Cuando tengamos controlada la situación del conflicto, debemos hacer reflexionar al grupo de estudiantes sobre lo que ha pasado. Para ello primero deberemos ser conscientes de que ha habido un desacuerdo y de las emociones que han estado presentes para ponerles nombre. Luego podemos pedirles que lleven su atención a las sensaciones físicas que surgen en su cuerpo (por ejemplo, tensión en los hombros, incomodidad, latidos del corazón acelerados, etc.).

Una vez observadas las reacciones físicas y emocionales, podemos pedirles que reflexionen sobre qué respuestas verbales y no verbales han tenido durante la discusión. Dejamos que cada persona implicada en el conflicto se exprese, pidiendo respeto y escucha mientras se comunican. Les sugerimos que intenten comprender el punto de vista, emociones y motivaciones de la persona que está hablando. Finalmente, reflexionamos y acordamos cómo podemos abordar la situación para prevenir que vuelva a pasar o, al menos, responder de forma distinta si vuelve a suceder.

Cultivando la consciencia en tu espacio personal

En este apartado es posible consultar algunas ideas de ejercicios que se pueden mandar hacer al grupo de estudiantes para que los hagan en su tiempo libre:

- Practicar la respiración completa. Meditar de 2 a 5 minutos al día con algunos de los ejercicios de respiración que hemos realizado en clase (ver apartado "Ejercicios de Atención").

- Escribir en el diario *mindfulness*. Podemos darles algunas preguntas para que escriban en él durante el fin de semana.

- Ve a dar un paseo y mientras andas por la calle presta atención a 5 objetos. Observa sus características, pero sin juzgar, es decir, sin pensar si es bonito o feo, por ejemplo. Escribe en el diario cómo te has sentido al realizar este ejercicio y qué utilidad crees que puede tener para tu día a día.

- Puedes pedir que se descarguen la APP Petit Bambou y realicen algunos ejercicios guiados (en caso de que lo creas pertinente puedes escribir una carta a las familias aconsejando el uso de la APP, para que el alumnado pueda hacer ejercicios de meditación guiada en casa).

- Comer con atención. Mientras comes presta atención a los sabores que percibes (sin emitir juicios: esto está bueno, malo, etc.), ¿qué tipo de sabor es (dulce, salado…)?, ¿qué textura tiene (dura, rugosa, lisa…)?, ¿qué sucede en tu boca cuando estás experimentando?, ¿qué hace tu lengua?, ¿qué sientes al tragar? o ¿hasta dónde puedes seguir el recorrido de la comida? Escribe en el diario cómo te has sentido al realizar este ejercicio y qué utilidad crees que puede tener para tu día a día.

- Podemos trabajar el juicio, la gratitud y el amor planteando los siguientes retos:
  - ✓ Durante esta semana, apunta en un papel los momentos en que juzgas algo o alguien. Describe cómo te sientes.
  - ✓ Durante esta semana, da las gracias al menos una vez al día a alguien. Describe cómo te sientes.
  - ✓ Cuando estés hablando con alguien, míralo a los ojos, prestando atención a sus palabras. Describe cómo te sientes.

¿Cómo evalúo el *mindfulness*?

La eficacia de las prácticas de *mindfulness* no solo se encuentra en su implementación, sino también en la capacidad para evaluar su impacto y adaptarlas para atender a las necesidades de nuestro alumnado. Como docentes puedes optar por incorporar las prácticas en la evaluación de vuestra unidad didáctica. En este apartado encontrarás algunas ideas para saber cómo hacerlo:

- **Diario *mindfulness* (ver apartado "Ejercicios de Inteligencia emocional").** Desde mi punto de vista, este es uno de los instrumentos de evaluación más adecuados para incorporarlo en nuestras programaciones, porque nos permite hacer un seguimiento del proceso de cada alumno o alumna, además, en un mismo documento cada estudiante tiene recogidos todos los ejercicios y experiencias por si quiere consultarlos en otro momento. Del mismo modo, el diario de aprendizaje en EF puede ser un instrumento que también se utilice de forma interdisciplinar, para evaluar contenidos de lengua o utilizar a la hora de tutoría. Se puede incorporar como "deberes" de fin de semana para que puedan observar y reflexionar sobre aspectos de su día a día. De igual modo, existe la opción de hacerlo "online" para trabajar las TIC. Para ello, se pueden utilizar herramientas como por ejemplo, Genially o Padlet.

- **Escaleras de metacognición.** Es una herramienta educativa diseñada para favorecer la metacognición de los estudiantes. Después de algunos ejercicios de *mindfulness* la podemos aplicar mediante preguntas como: ¿qué he aprendido?, ¿cómo lo hemos aprendido?, ¿en qué otras situaciones/momentos podemos utilizar lo que hemos aprendido? o ¿qué puedo seguir mejorando?

- **Escalas de estimación.** Es una herramienta que se utiliza para medir o evaluar cuantitativamente la magnitud, intensidad o valor de una variable o característica. En este caso, podemos utilizar ítems como: "me relajo cuando hago *mindfulness*", "levanto la mano para hablar", "escucho en silencio", "puedo hacer el ejercicio sin molestar a nadie", "me puedo centrar en mi respiración sin despistarme", etc. La magnitud de cada ítem la pueden evaluar con "muy bien", "bien", "regular" o "deficiente".

- **Dianas de evaluación.** En las dianas de evaluación buscamos una visión global, no medir. Cada porción de la diana está relacionada con un aspecto o actividad que queremos evaluar. En este caso podríamos evaluar si estábamos concentrados, si estábamos en silencio, si hemos mantenido los ojos cerrados, si hemos prestado atención a la respiración, etc.

- **Cuestionarios.** Existen muchos cuestionarios para investigar el *mindfulness* que nos proporcionan preguntas extraíbles para nuestras prácticas en el aula. Personalmente, aquellos cuestionarios que me han ayudado más a evaluar las prácticas de *mindfulness* han sido:

    - ✓ el de Habilidades y Estadios de Relajación *Mindfulness* Escolar (CHERME) (López-González et al., 2017 citado en López-González, 2019),
    - ✓ el Cuestionario Breve de Hábitos de Relajación-*Mindfulness* Escolar (López-González y Amutio, 2015 citado en López-González, 2019) y
    - ✓ la escala de Relajación-*Mindfulness* para adolescentes (EREMINDF-A) (López-González, Amutio y Oriol, 2018).

    En mi experiencia, estos cuestionarios pueden servir para elaborar encuestas en nuestra aula, así como las escalas de estimación o las dianas de evaluación. En este cuestionario salen ítems como: "sentía el cuerpo muy relajado", "he seguido el ejercicio con atención", "he mantenido los ojos cerrados", "me he preocupado porque sentía cosas extrañas", "estaba concentrado", etc.

¿Qué dificultades me puedo encontrar durante las prácticas?

En los años que llevo aplicando las técnicas de *mindfulness* en las clases de EF y en las aulas me he encontrado con varias dificultades que comparto a continuación:

- **Estudiantes con dificultades para cerrar los ojos.** Hay estudiantes que no pueden cerrar los ojos a causa de diversos motivos (principalmente psicológicos o emocionales). En este caso, no debemos forzar a cerrarlos, basta con que, simplemente le expliquemos que puede hacer el ejercicio con los ojos abiertos, pero manteniendo la mirada a un punto del suelo.

- **Estudiantes con problemas psicológicos.** Este punto es muy importante de entender. Nosotros no somos psicólogos y, por lo tanto, debemos ir con mucho cuidado si tenemos estudiantes que tienen problemas psicológicos graves. Siempre que tengamos dudas debemos consultar a un profesional, ya que el *mindfulness*, al conectar con nosotros mismos puede desencadenar otras emociones que, en caso de existir patologías previas, pueden descontrolarse. No obstante, es preciso remarcar que los ejercicios que se proponen en este libro son de nivel muy básico (aprender a respirar, prestar atención, etc.) y no se incorporan otros más complejos. En mi caso, nunca me he encontrado con ningún problema en el aula, pero, como comentaba, siempre que tengamos dudas sobre si aplicar un ejercicio con algún estudiante debemos preguntar previamente a profesionales.

- **Reírse de los ejercicios.** Este aspecto es muy frecuente, sobre todo a partir de 4.º de primaria. Cuando empezamos a introducir este tipo de prácticas en nuestras aulas hay algunos estudiantes que no pueden estar con los ojos cerrados sin reírse o molestar a las personas que están a su lado. Lo primero que debemos entender es que esta acción puede formar parte del ejercicio. Si nosotros, docentes, lo vemos como algo negativo vamos a darle la importancia que no queremos. En este caso, recomiendo que cuando se detecte que alguien se está riendo o molestando, no debemos llamarle la atención gritando o haciendo algún comentario verbal, simplemente nos ponemos a su lado en silencio o le tocamos suavemente el hombro para que tenga constancia de que hay algo que debe modificar. Al finalizar el ejercicio es importante comentar por qué nos ha sucedido esto, es decir, hacerlo visible y naturalizarlo, no exponerlo como un castigo. Podemos comentarlo con ellos con preguntas como: ¿por qué he tenido la necesidad de reír?, ¿me puedo concentrar si me río?, ¿molesto al resto si me río?, ¿qué podemos hacer para prevenirlo en las próximas sesiones? o ¿qué podemos hacer la próxima vez que nos pase? Normalmente la risa suele ser un mecanismo de defensa que tiene nuestro cuerpo frente a una situación a la que no está acostumbrado. Es como si nuestra mente nos dijese: - "Eh, ¿qué estás haciendo?, ¿quieres parar cuando llevamos años sin hacerlo?". Y una de las formas que tiene para boicotearnos es la risa.

- **No querer participar.** Puede haber estudiantes que no quieran hacer los ejercicios. No pasa nada. Yo recomiendo que lo respetemos. No obstante, yo siempre digo a mi alumnado que pueden no hacerlos, pero deben quedarse en el aula esperando a que el resto acabe y respetando el silencio. Alguna vez lo que he propuesto ha sido que mientras hacemos los ejercicios me escriba en un papel por qué no quiere hacer los ejercicios o qué razones físicas y emocionales le dificultan querer participar.

- Practicar el *mindfulness* con estudiantes con Necesidades Educativas Especiales (**NEE**). Podemos encontrarnos estudiantes con NEE o ACNEAE en nuestras aulas. En este caso algunas dificultades que hallaremos pueden ser tener una atención y concentración limitadas, poca autonomía a la hora de realizar los ejercicios, niveles bajos de comprensión de las instrucciones, inconvenientes para regular sus emociones, sensibilidad sensorial que dificulte la participación en aquellos ejercicios que impliquen la atención a los sentidos, comunicación limitada, etc. Aunque cada caso se tendría que estudiar de forma independiente, a continuación, os expondré algunas estrategias que se pueden considerar a la hora de aplicar el *mindfulness* con estudiantes que presenten estas dificultades:

  ✓ Simplifica las instrucciones utilizando un lenguaje verbal sencillo. Puedes utilizar ejemplos visuales mediante tarjetas, pictogramas o diagramas o hacer un ejemplo de cada uno de los ejercicios que vayas a realizar.

  ✓ En caso de tener estudiantes con dificultades graves para poder cerrar los ojos o centrarse en su respiración puedes utilizar una pelota antiestrés. Le indicas que cada vez que inspire, apriete la pelota y cada vez que exhale, la suelte. O simplemente pueden pedirle que preste atención a cuántas veces son capaces de apretar y soltar la pelota durante el ejercicio.

  ✓ En caso de tener estudiantes con TDAH en el primer ciclo de primaria, puedes utilizar el cuento de la tortuga y hacerlo como un cuento motor en el aula. Este cuento brinda a este tipo de alumnado una metáfora clara y simple para comprender la importancia de frenar antes de actuar impulsivamente, así como para autorregularse y trabajar la paciencia. En este caso no hagas ejercicios excesivamente largos. Menos, es más.

  ✓ Como docentes puedes hacer los ejercicios con estudiantes que presenten más dificultades. Hacerlos a la vez, les dará confianza y podrán gestionar mejor los inconvenientes que se vayan presentando.

  ✓ Colabora con otros profesionales y con las familias para comprender las necesidades específicas de cada estudiante. Incluso, puedes recomendar a las familias algunos ejercicios para que los realicen con sus hijos e hijas en casa, de esta forma, en clase ya conocerán las dinámicas y les será más fácil realizarlas.

  ✓ No hagas ejercicios excesivamente largos. Céntrate en prácticas cortas (máximo 1 minuto) y puedes ir subiendo la graduación a medida que se sientan más a gusto.

✓ Comunícate con tu estudiante. En un momento previo antes de la clase, habla con tu estudiante para explicarle qué ejercicios has pensado hacer en clase y valorad conjuntamente si los puede realizar o si necesita algún recurso complementario para hacer la práctica. Por ejemplo, en mi caso tuve una estudiante con paraplejía. A la hora del patio me reuní con ella para explicarle que tenía pensado hacer un ejercicio en el parque tumbados para poner la atención a los sentidos. Ella me comentó que para ella sería más cómodo traer unos cojines de gel para que estuviera más cómoda y aliviar la presión en las áreas de riesgo.

✓ Da refuerzos positivos a los estudiantes cuando logren hacer bien el ejercicio o cuando veas que están progresando, ya que puede aumentar su motivación.

✓ Hacer rutinas donde se introduzcan prácticas de *mindfulness* de forma diaria en su casa para poder establecer un patrón y que sea más predecible para ellos.

✓ Puedes asignar parejas en los ejercicios. Así realizan los ejercicios juntos con la condición de que se ayuden mutuamente. Cada dos semanas podemos ir cambiando las parejas.

Considero que en cada contexto tendríamos que valorar qué adaptaciones podemos realizar. Como recomendación, debemos observar qué ejercicios son más fáciles para cada grupo de estudiantes, por ejemplo, a lo mejor observas que les resultan más sencillos los ejercicios de movimiento consciente y podemos optar por incorporar más este tipo de actividades. No obstante, esto no quiere decir que dejemos de lado otras actividades, pero las podemos ir incorporando más lentamente.

ESCUCHANDO LAS VOCES DEL PROFESORADO

Planificación del proyecto MIND-EF

No quería que este libro se quedara simplemente en una parte teórica y una exposición de ejercicios. Por ello, decidí realizar el proyecto MIND-EF. Este proyecto consistió en una píldora formativa de 4 sesiones online los viernes por la tarde, durante los meses de septiembre, octubre y noviembre de 2023, con docentes de EF en primaria, secundaria, bachiller, universitaria y/o formación profesional que de forma voluntaria se apuntaron a participar en el proyecto.

La finalidad del proyecto era crear un espacio de aprendizaje donde el profesorado de EF aprendiera herramientas básicas del *mindfulness* para que después lo aplicaran en sus aulas y, adicionalmente, recoger en este libro su opinión sobre las distintas actividades.

Participar en el proyecto era gratuito, pero se pedían los siguientes compromisos:

Compromisos

Participar activamente en las sesiones online programadas.

Aplicar los ejercicios de *mindfulness* en sus clases de EF durante el proyecto.

Responder un cuestionario de autoevaluación del proyecto y dar el consentimiento para que los resultados se publiquen en un libro.

Consecuentemente, los objetivos del proyecto fueron los siguientes:

Objetivos

Facilitar la comprensión y asimilación de los conceptos fundamentales del *mindfulness* entre docentes de EF de primaria, secundaria, bachiller, universitaria y formación profesional.

Desarrollar e implementar sesiones virtuales de entrenamiento en ejercicios básicos de *mindfulness*, con el objetivo de que sean usados a nivel personal y aplicados con sus estudiantes de EF.

Evaluar la percepción y aceptación de docentes hacia la inclusión del *mindfulness* en las clases de EF.

A partir de estos objetivos, el proyecto se organizó de la siguiente forma:

Número de sesión	Título	Descripción de la sesión	Duración por sesión
Primera sesión (22/09/23)	Contacto inicial con el *mindfulness*	• Se muestra una presentación para definir qué es el *mindfulness*, explicar sus beneficios y la finalidad del proyecto MIND-EF. • Se detalla el programa de aplicación de actividades de *mindfulness*. • Se realizan cada una de las actividades que deberán poner en práctica en su centro. • Facilito mi contacto para que los docentes puedan contactarme y resolver cualquier duda o problema que tengan durante la puesta en práctica de las actividades. • Se resuelven dudas. • Se recomienda a los participantes practicar los ejercicios de *mindfulness* en su día a día.	2 horas
Segunda (06/10/23) y tercera sesión (20/10/23)	Compartiendo experiencias	• Realización del ejercicio del "escaneo corporal" con participantes. • Se abre un espacio para compartir aquellas experiencias de *mindfulness* que el grupo asistente ha llevado a la práctica en su aula. Se aprovecha este espacio para resolver dudas, para compartir percepciones y sensaciones sobre las vivencias, así como preocupaciones y aspectos a mejorar. • Se propone seguir aplicando las actividades en las siguientes semanas.	1 hora
Cuarta sesión. (17/11/23)	Valoración del proyecto	• Realización de un ejercicio de atención a la respiración. • Se abre un espacio para compartir aquellas experiencias de *mindfulness* que el grupo participante ha llevado a la práctica en su aula. Se aprovecha este espacio para resolver dudas, para compartir percepciones y sensaciones sobre las vivencias, así como preocupaciones y aspectos a mejorar. • Al finalizar la sesión se envía un cuestionario al grupo asistente que ha participado para saber su percepción de las distintas actividades. • Cierre del proyecto.	1 hora

Quienes participaron disponían de las sesiones virtuales grabadas en diferido para poder consultarlas en caso de no poder asistir o querer revisar algún ejercicio. Además, entre sesión y sesión el grupo de participantes tenía mi contacto para poder resolver dudas o problemas que emergieran durante su día a día.

A continuación, se muestra la organización de los ejercicios que se propusieron para que los aplicaran en sus aulas:

SEMANA 1	Ejercicios de Atención + Inteligencia emocional (Explicación del Diario *mindfulness:* optativo)
SEMANA 2	Ejercicios de Atención + Inteligencia emocional (Diario: optativo)
SEMANA 3	Ejercicios de Atención + Inteligencia emocional (Diario: optativo)
SEMANA 4	Ejercicios de In-corporación + Inteligencia emocional (Diario: optativo)
SEMANA 5	Ejercicios de In-corporación + Inteligencia emocional (Diario: optativo)
SEMANA 6	Ejercicios de Interconexión + Inteligencia emocional (Diario: optativo)
SEMANA 7	Ejercicios de Interconexión + Inteligencia emocional (Diario: optativo)
SEMANA 8	Ejercicios de Corazón pleno + Cuestionario docentes

La actividad del Diario de *mindfulness* se planteó como optativa. Propuse al grupo de docentes que diera una libreta o un pequeño dossier de folios a sus estudiantes, para que fueran elaborando el diario en su casa. El diario incorporaba las preguntas que se explican en el apartado de " Ejercicios de Inteligencia emocional" de este libro. No obstante, cada docente tenía flexibilidad para incorporar las preguntas que considerara oportunas. De forma opcional también sugerí que llevaran a cabo evaluaciones de las sesiones de *mindfulness* siguiendo las indicaciones del apartado "¿Cómo evalúo el *mindfulness*?".

Finalmente, para terminar el proyecto facilité un cuestionario a quienes participaron. El cuestionario se realizó con Google Forms y se envió por correo electrónico una vez finalizada la última sesión del proyecto. En el mismo cuestionario se explicaban los objetivos que se buscaban con las preguntas, los cuales se especifican a continuación:

1. Conocer el impacto del *mindfulness* en el comportamiento y bienestar de los y las estudiantes en el aula, identificando los cambios observados, así como su relevancia en el contexto educativo.

2. Conocer la percepción del profesorado sobre el impacto de las prácticas de *mindfulness* en el ambiente del aula y en la interacción entre el grupo de estudiantes, explorando las razones detrás de cualquier cambio positivo o negativo observado.

3. Identificar y analizar los desafíos a los que se enfrenta el profesorado cuando implementa prácticas de *mindfulness* en el aula, incluyendo la resistencia del grupo de estudiantes y las dificultades para mantener la atención, con el objetivo de proponer estrategias que nos permitan superar estos obstáculos.

4. Explorar cómo se siente el profesorado personalmente después de realizar prácticas de *mindfulness* con sus estudiantes, investigando si experimentan cambios en su bienestar emocional y mental.

5. Conocer si la incorporación del *mindfulness* en el aula ha llevado a que el profesorado adopte estas prácticas en su vida cotidiana y examinar las razones detrás de esta posible adopción.

Para lograr los anteriores objetivos, se plantearon las siguientes preguntas en el cuestionario.

Preguntas planteadas
1.   ¿En qué nivel educativo has aplicado tus ejercicios?
2.   ¿En qué curso/s los has aplicado?
3.   ¿Qué ejercicios de los que has aprendido en el proyecto MIND-EF has aplicado en tu aula?
4.   ¿Cuáles son los ejercicios que recomendarías hacer a otro grupo de docentes interesado en incorporar *mindfulness* en sus clases? Justifica tu respuesta.
5.   ¿Cuáles son los ejercicios que no recomendarías hacer a otro grupo de docentes que esté interesado en incorporar *mindfulness* en sus clases? Justifica tu respuesta.
6.   ¿En qué momento de la clase consideras que es mejor realizar los ejercicios de *mindfulness* (al inicio, al final, al medio, depende de la sesión…)? Justifica tu respuesta.
7.   ¿Has notado algún cambio en el comportamiento o el bienestar de tus estudiantes después de incorporar *mindfulness* en tus clases? En caso afirmativo, especifica qué cambios has observado.
8.   ¿Crees que las prácticas de *mindfulness* han tenido un impacto positivo en el ambiente del aula y en la interacción entre el grupo de estudiantes? ¿Por qué?
9.   ¿Has enfrentado algún desafío al implementar prácticas de *mindfulness* en el aula? (Ejemplo: resistencia por parte del grupo, dificultades para mantener la atención, etc.). Especifica cuáles.
10. ¿Cómo te sientes personalmente después de realizar prácticas de *mindfulness* con tus estudiantes?
11. ¿Durante o después del proyecto MIND-EF, has incorporado el *mindfulness* en tu día a día? ¿Por qué?
12. ¿Quieres hacer algún comentario más sobre el proyecto MIND-EF?

A partir de los resultados del cuestionario, decidí hacer un informe con la finalidad de explorar las respuestas del grupo asistente sin realizar un análisis exhaustivo debido a la cantidad limitada de material. Para ello, descargué todas las respuestas obtenidas en un Excel. Asigné un identificador a cada persona que había realizado la encuesta y posteriormente clasifiqué cada respuesta según la pregunta correspondiente. Posteriormente codifiqué las respuestas según el número de cada una de las preguntas y el nivel educativo (**EP**: educación primaria; **ES**: educación secundaria; **UNI**: universitaria; **BACH**: bachiller; **ES/BACH**: profesor de secundaria y bachiller).

Por ejemplo, para la pregunta 1, la respuesta del encuestado 1 se clasifica de la siguiente forma: P1-EP-D1 (Pregunta 1-Educación Primaria-Docente 1). Esta codificación me permitió entender mejor los resultados expuestos en el apartado siguiente. En los resultados se transcriben algunos de los fragmentos extraídos de las encuestas. Decidí plantear así el informe para favorecer la claridad y la simplicidad de los resultados.

Informe de los cuestionarios

En un inicio se inscribieron 76 participantes, de los cuales finalmente 19 participaron en las sesiones online y respondieron al cuestionario final. De los 19 asistentes[2], 5 daban clase en educación secundaria (1.º ESO: 4 profesores), 2.º (2 profesores) y 3.º de la ESO (2 profesores), 6 en bachillerato (4 profesores de 1.º de bachillerato, 2 en 1.º y 2.º de bachillerato), 1 profesora en el ciclo TSEAS, 1 profesora que daba clase en la universidad (2.º Grado de Educación Infantil) y 6 docentes que daban clase en educación primaria (2 docentes en 1.er curso, 3 docentes en 2.º curso, 3 docentes en 3.º, 2 docentes en 4.º, 3 docentes en 5.º y 3 docentes en 6.º).

Respecto a la pregunta "¿Qué ejercicios de los que has aprendido en el proyecto MIND-EF has aplicado en tu aula?", en universitaria, formación profesional, educación secundaria y bachillerato se mencionan sobre todo el *body scan*, ejercicios de atención a la respiración, levantar la mano y la práctica de las 10 piedras. Los asistentes que imparten clases en la primaria sobre todo destacan el *body scan*, el ejercicio de levantar la mano y de atención a la respiración. Respecto a este resultado, en las sesiones síncronas se comentó que la elección de cada práctica variaba según la finalidad de su aplicación y también debido a la respuesta del propio alumnado. En este caso debemos ser conscientes de que habrá ejercicios que en un mismo curso con la clase A nos va a funcionar y con la B no. Por ello, es importante conocer variedad de prácticas de *mindfulness* para ir probando cuáles se adaptan más a las características de nuestro grupo.

---

(2) Hay que tener en cuenta que hay docentes que daban clase en dos cursos distintos. Por ejemplo, un profesor daba clase en 2.º y 3.º de la ESO

Como se puede observar, nadie del grupo de participantes aplicó la actividad del Diario *Mindfulness*. Sería interesante valorar una futura investigación sobre qué implica el uso de esta actividad en los grupos de estudiantes. La justificación de la falta de aplicación de esta actividad en este programa se debió a la falta de tiempo para programar y corregir el diario, falta de convicción, inseguridad a la hora de aplicarlo o dar prioridad a otras actividades para el logro de objetivos educativos específicos.

Entre las actividades propuestas, la mayoría de las personas asistentes coincidieron en recomendar sobre todo el ejercicio del escaneo corporal (*body scan*) y el de atención a la respiración (por ejemplo, contar respiraciones, contar con los dedos, levantar la mano y la respiración completa). Especialmente en educación primaria, dos profesores recomiendan usar presentaciones digitales para acompañar las primeras sesiones, sobre todo a la hora de explicar qué es el *mindfulness* y poner ejemplos de deportistas de éxito que lo practiquen.

Por el contrario, la profesora de formación profesional y dos maestras de educación primaria no recomiendan hacer el ejercicio de las 10 piedras, ya que consideran que puede resultar peligroso dependiendo de la edad de los estudiantes:

> "Es verdad que el ejercicio de las 10 piedras, dependiendo del alumnado, me puede parecer un poco peligroso para controlar luego dónde dejamos esas piedras y no surjan conflictos entre compañeros, como el lanzamiento de las mismas". (P5-EP-D10)

Por el contrario, una maestra de primaria recomienda que, en caso de querer hacer la actividad de las piedras, se dedique una primera parte de la misma para observar y luego se haga algún ejercicio que requiera atención:

> "El ejercicio de las piedras está genial, aunque lo modificaría en función de la edad (para niños de 6-8 años cogería las piedras, dedicaría un tiempo a observación y luego las apilaría o algo que requiriera un poco de atención)". (P5-EP-D14)

Un profesor de primaria también ha mencionado que no recomienda el ejercicio del caminar *mindfulness* porque "les costaba mucho sentir y focalizar su atención"(P5-EP-D6), aunque menciona que posiblemente con grupos de edad más avanzada funcionaría mejor. A pesar de estos ejercicios que no recomiendan, todo el grupo participante del programa coinciden en que cualquier ejercicio podría aplicarse en el aula. Debemos ser conscientes de que aquellas actividades que sean menos abstractas siempre van a ser más sencillas de realizar. Por ejemplo, poner la atención en mi respiración, suele ser más simple que observar mi rodilla o los movimientos que realizo (sin que me distraiga ningún pensamiento). Por ello, en edades tempranas deberíamos empezar por prácticas más concretas para que en los siguientes cursos podamos implementar ejercicios más abstractos. Por ejemplo, el del corazón pleno se podría empezar a aplicar a partir de 5.º de primaria, aunque siempre será el profesorado quien decida si su grupo está preparado para realizar el ejercicio.

En todo caso, será importante establecer estas prácticas como una rutina. En las sesiones síncronas se mencionó este aspecto, ya que según el grupo asistente se nota la diferencia de cuándo lo aplicas de una forma puntual a cuándo lo utilizas de forma rutinaria. Este aspecto también se ha constatado en alguna de las encuestas con comentarios como el siguiente:

> "Recomendaría empezar muy poco a poco y hacerles ver que es una rutina. Yo por circunstancias a veces no lo hice, y se nota". (P4-EP-D9)

Junto a la necesidad de establecer una rutina, se menciona la recomendación de comenzar con ejercicios simples e introducir gradualmente prácticas más complejas, indistintamente del nivel educativo. Respecto a la elección del momento para realizar los ejercicios varía. En este sentido, durante las sesiones sincrónicas se comentó mucho este aspecto y se llegó a la conclusión de que es recomendable hacerlo al inicio o al final, dependiendo del objetivo de la sesión. Por ejemplo, si sabemos que la sesión va a tener una intensidad física alta, podemos incorporar estos ejercicios al final, como vuelta a la calma. En cambio, si sabemos que el alumnado viene de un examen o nuestra clase va a ser más teórica, por ejemplo, es preferible hacerlo al inicio de la sesión. Algunos de los comentarios al respecto fueron los siguientes:

> "Al inicio de la sesión si las clases van a ser teóricas y de gran implicación de las funciones ejecutivas, y al final cuando hay una clase de gran intensidad física para llegar a la calma de nuevo y poder cambiar de contenido o de clase". **(P6-ES/BACH-D3)**

> "Al final de la sesión principalmente, pero si vamos a trabajar yoga lo hacemos al inicio. A mitad de las sesiones veo más complicado trabajar el *mindfulness*". **(P6-EP-D6)**

> "Al inicio, ya que finalmente disponemos alrededor de unos 40 minutos de práctica real y una vez nos iniciamos en la parte principal de la sesión es difícil detener la práctica; sobre todo cuando vemos implicación en nuestro alumnado y tenemos que terminar diez minutos antes para poder acabar con un ejercicio de *mindfulness* y luego con los hábitos de higiene personal". **(P6-BACH-D16)**

"Al inicio. Se liberan de las clases anteriores y se focalizan en la clase de Educación Física que va a empezar. Además, no dependes de si te da tiempo o no. Cuando lo conviertes en rutina, es algo rápido, de cinco minutos máximo". (P6-BACH-D19)

Respecto a la percepción del profesorado sobre el impacto de los ejercicios en el comportamiento y el bienestar de sus estudiantes, en general se comenta que se empiezan a observar cambios positivos en el comportamiento, así como una mayor calma, mejora de la concentración, reducción de la impulsividad y más compasión. No obstante, se menciona que sería necesario aplicar los ejercicios durante más tiempo para poder tener resultados más claros sobre esta evolución. Respecto a este apartado, algunas profesoras mencionan que varios estudiantes aplican las técnicas de *mindfulness* por iniciativa propia, sobre todo las relacionados con la respiración, y antes de los exámenes:

"Sí, es supergracioso, les hablo de que el *mindfulness* les deja un filtro que ponen para no contestar con impulsividad ante una situación, y antes de reaccionar deben respirar al menos una vez, y lo hacen o por lo menos lo dicen, que también les da espacio para controlar. Muchos de ellos llevan a la práctica la respiración estrella o de los dedos antes de los exámenes". (P7-ES/BACH-D3)

"Creo que no he tenido suficiente tiempo como para poder comprobar esto. Para poder obtener cierta información fiable, creo que sería necesario comprobar durante más tiempo si se producen beneficios o no en el alumnado y creo que también sería necesario realizar una pequeña encuesta al alumnado al comienzo y al final para poder comprobar si realmente ellos y ellas consideran que esto es beneficioso". (P7-UNI-D2)

"He notado que han mejorado la capacidad de pararse y pensar". (P7-EP-D10)

"Aún no. Creo que es un recurso que debe perdurar un poquito más para poder obtener resultados más evaluables". (P7-EP-D9)

"Con el alumnado que tengo después del patio: más calma y atención durante la sesión. Con el alumnado que tengo a última hora: sensación de bienestar y relax al finalizar la sesión. Además de un mejor comportamiento al irse a vestuarios y a la fila". (P7-EP-D13)

En relación con la anterior cuestión, cuando se les pregunta sobre si creen que las prácticas de *mindfulness* han tenido un impacto positivo en el ambiente del aula y en la interacción entre sus estudiantes, la mayoría de las personas participantes mencionan que sí, a excepción de dos que afirman que no siempre lo han vivido positivamente, sino que dependía de la sesión.

"Sí, tienen un impacto positivo porque les ayuda a relajarse y no estar tan alterados, lo que facilita las relaciones dentro del grupo". **(P8-EP-D6)**

"Sí, además en alguna de las clases me piden hacer vuelta a la calma mediante respiraciones y evasiones a sitios que les gustan". **(P8-EP-D10)**

"Eso ya no he podido percibirlo tanto, el ambiente era muy bueno antes de practicar estos ejercicios". **(P8-BACH-D4)**

"Por supuesto que sí. Hay muchos alumnos con diferentes problemas personales y ofrecerles diferentes tipos de herramientas para que encuentren la calma les ha beneficiado mucho tanto dentro como fuera del aula". **(P8-EP-D7)**

"Me ha sorprendido que el alumnado de la última hora de la mañana casi me pidiera realizar estas prácticas. Supongo que será la novedad, la incorporación a la rutina de una actividad que les gusta, les calma y les hace irse más tranquilos/as. Creo también que necesito más tiempo para ver unos resultados más claros, pero a grandes rasgos sí que creo que tienen y tendrá un impacto positivo". **(P8-EP-D13)**

Es evidente que para sacar conclusiones sobre el impacto de las actividades en el ambiente del aula, en la interacción entre sus estudiantes, en el comportamiento y bienestar de cada estudiante, sería necesario aplicar los ejercicios durante más tiempo, así como hacer un pretest y un postest o entrevistas previas y finales para comparar los resultados. No obstante, con los comentarios de quienes participaron en el programa nos podemos plantear la hipótesis de que la práctica de *mindfulness* sí favorece cambios positivos en el alumnado. De hecho, en la parte teórica de este libro ya hemos podido evidenciar que existen investigaciones que demuestran este aspecto (Biegel y Brown, 2010; Napoli, et al., 2005; Klingbeil et al., 2017; Schonert-Reichl y Lawlor, 2010; Schonert-Reichl et al. 2015; Joyce, et al., 2010; Sánchez-Gómez, 2020; Schonert-Reichl et al., 2015).

En relación con los desafíos que han vivido los asistentes al programa durante la implementación del *mindfulness* en el aula, manifiestan que algunos estudiantes muestran resistencia a la hora de practicar este tipo de ejercicios, así como dificultades para mantener la atención, pero también la necesidad de encontrar formas de conectar las técnicas de *mindfulness* con los contenidos específicos de la materia. A continuación, se muestran algunos de los comentarios sobre este aspecto:

"(…) había días que no encajaba la práctica de una determinada técnica y no surtía los efectos que yo esperaba, de hecho, se convertía en una actividad contraproducente, pues… luego me costaba bastante centrarles en el contenido propio de la materia. Tengo que buscar la manera de CONECTAR una determinada técnica de *mindfulness* con el contenido específico de la materia y eso no es fácil". **(P9-UNI-D2)**

"Mi alumnado se encontraba poco receptivo, exponían que querían hacer EF…". **(P9-EP-D8)**

"Las primeras ocasiones existían risitas, pero tras un toque de atención, los alumnos comenzaron a realizarlo perfecto". **(P9-BACH-D4)**

"Había alguna risa al principio durante las sesiones, pero como bien recomendaste, les di tiempo y poco a poco fueron uniéndose a las dinámicas". **(P9-EP-D7)**

"Al principio los alumnos eran algo reacios a las actividades propuestas. Las risas reinaban en clase. Con el paso de las sesiones, ellos mismos han sido conscientes de que la mejoría era evidente y ahora ellos mismos demandan ejecutar las actividades". **(P9-EP-D18)**

Junto a los anteriores comentarios, una maestra de educación primaria menciona la necesidad de reflexionar sobre los estereotipos que existen en torno a la práctica del *mindfulness* y la meditación, las cuales suelen asociarse a prácticas propias de "mujeres":

"Lo que más me ha llamado la atención es el cambio de idea que tenían los alumnos (y aún tienen) de que el *mindfulness* es cosa de mujeres (madres mayores). Este concepto lo tenemos que hablar muy a menudo explicando que esta práctica no tiene género ni edad y que es beneficiosa para todos/as, pero les cuesta". **(P9-EP-D13)**

Aunque este aspecto se haya mencionado para estudiantes de educación primaria es necesario extrapolarlo en los otros niveles. Para trabajar este concepto podríamos crear un debate en el aula, mediante ejemplos de figuras públicas de diferentes edades y géneros que practican *mindfulness*. En estos espacios el grupo de estudiantes puede expresar sus ideas preconcebidas y desafiarlas a través del diálogo. Junto a estas acciones se podrían organizar talleres o sesiones para las familias, con la finalidad de conocer esta técnica, practicarla y proporcionar recursos para incorporarlo en casa.

Como se puede observar, uno de los mayores desafíos que nos encontramos cuando hacemos este tipo de prácticas son las "risas", que aparecen en las primeras semanas que hacemos *mindfulness*. Los motivos de por qué se ríen pueden ser varios: incomodidad o nerviosismo, dificultad para conectar con su cuerpo, reacción a algo nuevo e inesperado (falta de experiencia), según la cultura del aula (el ambiente y la dinámica puede influir en la reacción de los componentes del grupo) y por desconocimiento de la práctica: alguna persona puede no comprender por qué está haciendo ese ejercicio, por ello siempre es importante que la primera vez que introduzcamos el *mindfulness* en el aula expliquemos qué beneficios tiene su práctica, así como exponer referentes de personas conocidas y/o famosas que lo practiquen y abordar esta situación con comprensión y paciencia.

Respecto a las preguntas sobre cómo se sienten las personas participantes en el programa después de practicar el *mindfulness* con sus estudiantes, en general se menciona que se encuentran en estado de relajación o "bien" después de aplicar los ejercicios. La mayoría también menciona que quiere dar continuidad a este tipo de actividades, incluso que hay alumnado que está pidiendo voluntaria y espontáneamente realizar los ejercicios:

> "Con el grupo que no funciona me siento un poco impotente y a la vez con ganas de continuar. Impotente, porque veo que el grupo de chicos no hace ni el esfuerzo de intentarlo, siguen necesitando querer llamar la atención y destacar en el grupo como si estuvieran en ESO. Las chicas parece que agradecen unos minutos de vuelta a la calma y parar. Con el grupo que funciona parece que empiezan hasta a pedirlo y más ahora que empiezan los exámenes".
> **(P10-BACH-D11)**

No obstante, una persona menciona sentirse estresada y dos mencionan que se sienten un poco decepcionadas por no tener más tiempo para aplicar el *mindfulness* en todas sus clases. Estas dos últimas respuestas están relacionadas. Sobre todo, si dejamos el ejercicio de *mindfulness* para el final, podemos notar que nos falta tiempo para aplicarlo, ya que la sesión puede haber durado más de lo previsto. A este aspecto, se le suma el poco tiempo de práctica que tenemos en EF, lo cual hace que sea difícil y estresante elegir en qué momento reemplazamos el compromiso motor por un ejercicio de *mindfulness*. Mi recomendación es seguir lo que se ha mencionado anteriormente con relación a cuándo aplicamos los ejercicios: si nuestra sesión es muy intensa, los podemos incorporar al final de la sesión o por el contrario podemos hacerlo al inicio con una duración de no más de 5 minutos.

Con relación a la pregunta sobre si la práctica del *mindfulness* los había llevado a incorporar esta técnica en su día a día, 14 de las 19 personas mencionaron que sí utilizan este tipo de técnicas en su rutina. No obstante, algunos de ellas mencionan que les falta tiempo o que solo lo practican cuando están en clase:

"Pues es curioso, pero no lo he incorporado a mi día a día. Creo que inconscientemente me he tomado el ratito de práctica con mi alumnado para hacerlo yo también, pero claro, no es lo mismo. Me voy a replantear comenzar ya". (P11-EP-D13)

"La verdad es que no, no he encontrado un momento para sentarme y realizar algún ejercicio, por eso me parece interesante darles esos 5 minutos a mis estudiantes que creo que tampoco van a ser capaces de dedicar unos minutos de su día a trabajar el *mindfulness*. Sí que soy más consciente de que mi cabeza va a mil y muchas veces no soy capaz de centrarme en una sola cosa. Supongo que por algo se empieza, y ser consciente creo que ya es un paso para intentar encontrar ese momento para dedicarse a uno mismo". (P11-ES-D11)

Para concluir, en los comentarios finales se destaca la importancia de que el *mindfulness* se incorpore más en la educación y sobre todo en la EF. Además, se realizan agradecimientos por la formación proporcionada en MIND-EF. También se incorpora alguna propuesta de mejora como la siguiente:

"Creo que para poder obtener resultados fiables debería desarrollarse durante más tiempo, además de realizar seguimiento de las personas que han decidido participar como muestra (sector de profesorado) y realizar una posible triangulación entre los resultados (opiniones) que te puede ofrecer el profesorado, pero también recibir *feedback* del alumnado que ha participado de las propuestas realizadas por sus profes. Es decir, por mucho que te pueda contar el profesorado su visión al respecto, sería interesante sondear la opinión de su alumnado". (P12-UNI-D2)

La iniciativa de la docente es muy interesante para abrir nuevas vías de aplicación de este proyecto. En el caso de la propuesta presentada en este libro, decidí no involucrar a los grupos de estudiantes por una cuestión de dificultades a la hora de obtener el consentimiento firmado para la publicación de datos. En este caso, pretendía realizar un informe para tener un *feedback* simple por parte de los participantes sobre las prácticas realizadas. No obstante, dentro de un marco de una publicación científica, sería interesante tener en cuenta este aspecto.

REFLEXIÓN FINAL:

LOS PELIGROS DEL

MINDFULNESS

El título de este apartado puede generar cierta controversia en este punto del libro. No obstante, creo que es necesario entender que aunque el *mindfulness* tiene muchos beneficios y muchos autores y autoras recomiendan su aplicación en los centros educativos, su práctica conlleva ciertas implicaciones y riesgos.

Mientras me estaba formando en *mindfulness* observé que una de las actitudes fundamentales de esta práctica, la de "no juzgar", generaba en mí cierta inquietud. Reflexionaba que, si adormecía mi capacidad de juzgar, podría comprometer mi capacidad de fomentar cambios, como los necesarios para abordar las injusticias en el mundo, y quedar atrapados en la mera observación y la pasividad. Cuando planteaba esta preocupación a mis maestros, me encontraba con que no disponían de una respuesta concreta y se limitaban a reiterar las definiciones del "no juicio" de Kabat Zinn. No obstante, la respuesta a este dilema me llegó con el libro "Mc*Mindfulness*: como el *mindfulness* se convirtió en la nueva espiritualidad capitalista" de Purser (2019). Este autor realiza la crítica de cómo la "aceptación" y el "no juzgar" que propone el *mindfulness* pueden llevar a la falta de compromiso político y a la conformidad. En algunas prácticas del *mindfulness* se propone aceptar lo que acontece sin cuestionarlo ni juzgarlo, lo que podría obstaculizar nuestro análisis crítico sobre las razones que nos han llevado a este punto. ¿Por qué tengo ganas de llorar después del trabajo? ¿Por qué siento estrés al acudir al trabajo? ¿Quizás porque mi jefe/a me exige operar a un ritmo excesivo en busca de mayores ganancias? Si acepto esta situación sin juzgarla, ¿cómo voy a cambiarla?

No pretendo sugerir que abandonemos los conceptos de aceptación y no juicio, pero sí cambiar su perspectiva. Es crucial comprender que la esencia revolucionaria de estos dos conceptos radica en cómo nos empoderan para ser críticos con nosotros mismos y nuestro entorno. Por ejemplo, yo puedo tener la necesidad de llorar porque me he enfadado con mi jefe/a de la empresa donde trabajo. Acepto que necesito llorar, no lo rechazo y no juzgo de si está bien o si está mal porque, por ejemplo, tengo la idea de que al ser una persona que trabaja en la empresa no debo llorar por estas cosas. Simplemente es lo que necesito ahora, lo acepto. Pero si nos quedamos en este punto en todas las situaciones, puede ser peligroso porque, como decía anteriormente, nos puede llevar a la inacción y a la aceptación de una sociedad capitalista que busca nuestro máximo rendimiento y sumisión para que el sistema económico no padezca y crezca. ¿Qué me ha hecho discutir con mi jefe/a? ¿Qué aspectos de la situación considero que no son éticos? ¿Qué puedo cambiar en mí para que no vuelva a suceder? ¿Qué considero que debe cambiar la otra persona para mi bienestar? ¿Estos cambios benefician a la comunidad a la que pertenezco?

Es cierto que la aceptación no tiene por qué vincularse siempre con la pasividad. Primero acepto, luego decido qué hacer con esta aceptación. ¿Me mantengo en mi posición pasiva para que todo siga igual o decido accionar para cambiar e intentar que aquellas emociones que me hacen sentir mal no se repitan? Y aún más, ¿cómo influye esta aceptación en la ética del nosotros, es decir, una ética que enfatice la interconexión y las relaciones entre las personas, en lugar de centrarse únicamente en el individuo? Esta perspectiva ética considera que nuestras acciones y decisiones éticas deben basarse en el bienestar y la cooperación colectiva en lugar de buscar únicamente el interés propio. Esta ética se aleja del individualismo extremo y aboga por la idea de que nuestras acciones deben considerar el impacto que tienen los/las demás y en la sociedad en su conjunto, promoviendo, de esta forma, la justicia social, la equidad, la solidaridad y la responsabilidad compartida.

El *mindfulness* no debe convertirse en una herramienta para aumentar la productividad y el rendimiento laboral. Su enfoque debe fomentar nuestra consciencia y bienestar. En este sentido, trasladando este aspecto en las prácticas del aula, veo interesante que cuando vayamos a incorporar estas técnicas a los grupos de estudiantes, también les ayudemos a analizar críticamente aquello que están viviendo. Esto lo podemos hacer simplemente mediante preguntas al diario de aprendizaje o conversando y abriendo un debate con estos grupos en el aula después de las prácticas.

En esta línea, Purser (2019) también nos abre la puerta a reflexionar sobre el enfoque individualista y de autoayuda del *mindfulness*. Esta perspectiva es muy interesante y se ilustra con ejemplos como: "soy una persona que mediante la práctica del *mindfulness* he resuelto mis problemas individuales de ansiedad y estrés. No obstante, me he centrado en mi mejora individual y no me he planteado cómo puedo ayudar a minimizar los problemas sociales y políticos que están contribuyendo a estas emociones.". La transición del "yo" al "nosotros" es la auténtica revolución. El enfoque individualista y de autoayuda puede provocarnos una desconexión con los demás y con el mundo, deteriorando la solidaridad, así como propiciando la inacción colectiva ante problemas sociales y globales. Con relación a este aspecto, tuve un maestro que me enseñó que atraemos la energía que estamos proyectando. De aquí que, si alcanzamos un bienestar individual, será para ayudar también a nuestra comunidad, al "nosotros", dotándola de las herramientas para conseguir también el bienestar colectivo y, en ese proceso, afrontar las situaciones que originaban malestar.

Purser (2019) critica también cómo el *mindfulness* se ha comercializado y se ha adaptado a un sistema capitalista y consumista. Una de las principales críticas que hace el autor es que desde que el *mindfulness* se introdujo a occidente y se confirmaron los numerosos beneficios de esta práctica frente a problemas como el estrés y la ansiedad, se convirtió en un producto. De repente aparecieron packs de juegos *mindfulness*, cuentos de *mindfulness*, packs de formación a precios injustificados, etc. Esto tenía un claro propósito: enriquecerse económicamente a través de una práctica que ayuda a paliar los efectos de un sistema capitalista y consumista. En mi opinión, considero que, hasta cierto punto, es bueno que haya recursos de *mindfulness* para que estos se apliquen con los más pequeños (mayores de 5 años). Por ejemplo, recursos como los cuentos y las tarjetas con iconos de las distintas actividades pueden ser útiles para estas edades. No obstante, a medida que vamos aumentando la edad del grupo de estudiantes, creo que deberíamos ir a las prácticas más mundanas, aquellas que hacemos sin ningún material complementario, sino con nuestra respiración, nuestro cuerpo y nuestra atención. Algunas veces cuando voy a hacer formaciones a los centros me preguntan qué material vamos a necesitar: ¿esterilla, estar en el suelo, lápices y colores? Yo siempre les digo que con "una silla y un cuerpo presente es suficiente". El propósito de mis palabras es enfatizar que no es preciso invertir grandes sumas de dinero para practicar *mindfulness*; todas las herramientas y respuestas yacen en nuestro interior.

He optado por recurrir a las advertencias de Purser (2019) para concluir este libro, porque aspiro a que nosotros y nosotras, como docentes, seamos conscientes de estos peligros. Tal consciencia nos instará a dirigir la mirada primero hacia nuestro interior y luego hacia el planeta. Si logramos esta perspectiva, conseguiremos transmitirla al grupo de estudiantes, creando una cadena que únicamente puede contribuir a mejorar el mundo en el que vivimos. Con este libro he pretendido no solo aproximaros al *mindfulness*, sino también cuestionar la manera en que vivimos, con el fin último de crear un espacio en el cual el *mindfulness* sea una de las herramientas que nos conduzca a una auténtica revolución en el aula.

Referencias bibliográficas

Águila, C. (2021). Educación física para el desarrollo de la consciencia: una propuesta pedagógica. *Retos, 39*, 937-944. https://doi.org/10.47197/retos.v0i39.81433

Anand, U., & Sharma, M. P. (2014). Effectiveness of a *mindfulness*-based stress reduction program on stress and well-being in adolescents in a school setting. *Indian Journal of Positive Psychology, 5*(1), 17-22. https://doi.org/10.15614/ijpp%2F2014%2Fv5i1%2F52933

Baena-Extremera, A., Ortiz-Camacho, M.M., Marfil, A.M. & Granero-Gallegos, A. (2021). Mejora de los niveles de atención y estrés en los estudiantes a través de un programa de intervención, *Revista de Psicodidáctica*, 26(2), 132-142. htps://doi.org/10.1016/j.psicod.2020.12.002

Baltzell, A. & Summers, J. (2018). *The Power of Mindfulness: Mindfulness Meditation Training in Sport (MMTS)*. Springer.

Biegel, G. & Brown, K. W. (2010). *Assessing the efficacy of an adapted in class mindfulness-based training program for school-age children: a pilot study*. Mindful Schools.

Bishop, S.R., Lau, M., Shapiro, S., Carlson, L., Anderson, N.D., Carmody, J. & Devins, G. (2004). *Mindfulness*: A proposed operational definitions. *Clinical Psychology: Science and Practice, 11*(3), 230-241.

Blanco, C. (2016). *Aplicación del Mindfulness en població Infanto-Juvenil*. Trabajo final de Grado. Facultad de Humanidades y Ciencias de la Educación. Grado en Psicología. Universidad de Jaén.

Britton, W. B., Lepp, N. E., Niles, H. F., Rocha, T., Fisher, N. E. & Gold, J. S. A. (2014). Randomized controlled pilot trial or classroom base *mindfulness* meditation compared to an active control condition in sixth-grade children. *Journal of School Psychology, 52*(3), 263-278. https://doi.org/10.1016/j.jsp.2014.03.002

Broderick, P. C. & Metz, S. (2009). Learning to Breathe: A pilot trial of *mindfulness* curriculum for adolescents. *Advances in School Mental Health Promotion, 2*(1), 35-46. https://doi.org/10.1080/1754730X.2009.9715696

Cox, A. E., Ullrich-French, S., & French, B. F. (2016). Validity evidence for the state *mindfulness* scale for physical activity. *Measurement in Physical Education and Exercise Science, 20*(1), 38-49. https://doi.org/10.1080/1091367X.2015.1089404

Chozen, J. (2013). *Comer atentos. Guía para redescubrir una relación sana con los alimentos*. Kairós.

Cuéllar, R., Bazán, A. & Araya, G.A. (2019). Efectos de la práctica de aikido sobre *mindfulness* y la ansiedad en estudiantes universitarios de Costa Rica. *Retos, 35*, 13-19. https://doi.org/10.47197/retos.v0i35.62044

Dunn, B. R., Hartigan, J. A. & Mikulas, W. L. (1999). Concentration and *mindfulness* meditations: unique forms of consciousness? *Applied Psychophysiology and Biofeedback, 24*(3), 147-165. https://doi.org/10.1023/A:1023498629385

Ergas, O., & Hadar, L. L. (2019). *Mindfulness* in and as education: A map of a developing academic discourse from 2002 to 2017. *Review of Education, 7*(3), 757-797. https://doi.org/10.1002/rev3.3169

Felver, J. C., Celis-de Hoyos, C. E., Tezanos, K., & Singh, N. N. (2016). A systematic review of *mindfulness*-based interventions for youth in school settings. *Mindfulness, 7*, 34-45. https://doi.org/10.1007/s12671-015-0389-4

Franco, C. (2009). Modificación de los niveles de burnout y de personalidad resistente en un grupo de deportistas a través de un programa de conciencia plena. *Anuario de Psicología, 40*, 377-390. https://doi.org/10.1016/j.aprim.2009.10.020

Franco, C., Mañas, I., Cangas, A. J., & Gallego, J. (2011). Exploring the effects of a *mindfulness* program for students of secondary school. *International Journal of Knowledge Society Research (IJKSR), 2*(1), 14-28. https://doi.org/10.4018/jksr.2011010102

García-Álvarez, A.D., Suarez-Jiménez, R.C. & Rebollo-Meza, J. (2021). El *mindfulness* en deportistas y atletas, *Revista de Investigaciones, 33*(1), 97-103. https://doi.org/10.33975/riuq.vol33n1.471

García-Campayo, J. (2018). *Mindfulness: nuevo manual práctico*. Siglantana.

García-Taibo, G., Cerdá-Llull, M., Baena-Morales, S. & Rodríguez-Fernández, J.E. (2023). Efectos psicológicos de una intervención de *mindfulness* realizada en la vuelta a la calma de la clase de Educación Física: un estudio cuasi-experimental, *Retos, 49*, 926-934. https://doi.org/10.47197/retos.v49.93401

Garcés, E. J., De Francisco, C., & Arce, C. (2012). Inventario de burnout en deportistas revisado (IBD-R). *Revista de Psicología del Deporte, 21*(2), 271-278. https://doi.org/10.4321/s1578-84232014000100004.

Gardner, F. L. & Moore, Z. E. (2007). *The psychology of enhancing human performance: The Mindfulness-Acceptance-Commitment (MAC) approach*. Springer Publishing Company.

González, M. & Rodrigues, M. (2016). *Mindfulness para runners: ejercicios para mantener cuerpo y mente sanos*. Cúpula.

Gooding, A. & Gardner, F. L. (2009). An investigation of the relationship between *mindfulness*, preshot routine, and basketball free throw percentage. *Journal of Clinical Sport Psychology*, *3*(4), 303-319. https://doi.org/10.1123/jcsp.3.4.303

Gross, M., Moore, Z. E., Gardner, F. L., Wolanin, A. T., Pess, R. & Marks, D. R. (2016). An empirical examination comparing the *Mindfulness*-Acceptance- Commitment approach and Psychological Skills Training for the mental health and sport performance of female student athletes. *International Journal of Sport and Exercise Psychology*, *16*(4), 431-451. https://doi.org/10.1080/1612197X.2016.1250802

Hasker, S. M. (2010). Evaluation of the *Mindfulness*-Acceptance-Commitment (MAC) approach for enhancing athletic performance. *Dissertation Abstracts International*, *71*(9-B), 7-90.

Holguín, J., Gastélum, G., Cervantes, M.S., Reyes, Y., Ramos-Jiménez, A. & Hernández-Torres, R.P. (2020). Uso del *mindfulness* sobre indicadores de estrés en deportistas durante la etapa competitiva: Revisión sistemática. *Revista Ciencias de la Actividad Física*, *21*(2), 1-13. https://doi.org/10.29035/rcaf.21.2.1

Joyce, A., Etty-Leal, J., Zazryn, T., & Hamilton, A. (2010). Exploring a *mindfulness* meditation program on the mental health of upper primary children: A pilot study. *Advances in School Mental Health Promotion*, *3*(2), 17-25. https://doi.org/10.1080/175473 0X.2010.9715677

Klatt, M., Harpster, K., Browne, E., White, S., & Case-Smith, J. (2013). Feasibility and preliminary outcomes for Move-Into-Learning: An arts-based *mindfulness* classroom intervention. *The Journal of Positive Psychology*, *8*(3), 233-241. https://doi.org/10.1 080/17439760.2013.779011

Kabat-Zinn, J (2003). *Mindfulness* based intervention in context. past, present and future. *Clinical Psychology: Science and Practice*, *10*(2), 144-146. https://doi.org/10.1093/ clipsy.bpg016

Kabat-Zinn, J. (2003). *Mindfulness*-Based Stress Reduction (MBSR), *Constructivism in the Human Sciences*, *8*(2), 73-107.

Kabat-Zinn, J., (2003). *Vivir con plenitud las crisis. Cómo utilizar la sabiduría del cuerpo y la menta para afrontar el estrés, el dolor y la enfermedad.* Kairós.

Kaiser, S. (2017). *Juegos Mindfulness.* Gaia.

Kauffman, K. A., Glass, C. R. & Arnkoff, D. B. (2009). Evaluation of Mindful Sport Performance Enhancement (MSPE): a new approach to promote flow in athletes. *Journal of Clinical Sports Psychology*, *4*, 334-356. https://doi.org/10.1123/jcsp.3.4.334

Klingbeil, D. A., Renshaw, T. L., Willenbrink, J. B., Copek, R. A., Chan, K. T., Haddock, A., ... & Clifton, J. (2017). *Mindfulness*-based interventions with youth: A comprehensive meta-analysis of group-design studies. *Journal of school psychology*, *63*, 77-103.

Kuyken, W., Weare, K., Ukoumunne, C., Vicary, R., Motton, N., Burnett, R., Cullen, C., Hennelly, S. & Huppert, F. (2013). Effectiveness of the *mindfulness* in schools programme: non-randomised controlled feasibility study. *The British Journal of Psychiatry*, *203*(2), 126-131. https://doi.org/10.1192/bjp.bp.113.1266

López-González, L., (2019). *Escuelas que meditan. Cómo programar mindfulness en los centros educativos*. Desclée.

López-González, L., Amutio, A., Oriol, X., Gázquez, J.J, Pérez-Fuentes, M.C. & Molero, M.M. (2018). Development and validation of the relaxation-*mindfulness* scale for adolescents (eremind-a). *Psicothema*, *30*(2), 224-331.

López, I. & Beta, M. (2019). "*Mindfulness*" y educación: formación de los instructores de "*mindfulness*" en Educación Secundaria. *Didacticae, 6*, 125-143. https://doi.org/10.1344/did.2019.6.126-143

López, L., Amutio, A., Herrero, D., & Bisquerra, R., (2016). Validación de una escala de habilidades y estados de relajación-*mindfulness* para adolescentes. *Revista interuniversitaria de formación del profesorado*, *87*(30.3), 93-105.

López, I. & Gené-Morales, J. (2021). Revisión sistemática de la investigación sobre el uso del *mindfulness* en la Educación Física. *Cuadernos de Psicología del Deporte, 21*(3), 83-98. https://doi.org/10.6018/cpd.482631

Lu, C., Tito, J. M., y Kentel, J. A. (2009). Eastern movement disciplines (EMDs) and *mindfulness*: A new path to subjective knowledge in Western physical education. *Quest*, *61*(3), 353-370. https://doi.org/10.1080/00336297.2009.10483621

Lutkenhouse, J. M. (2007). The case of Jenny: A freshman collegiate athlete experiencing performance dysfunction. *Journal of Clinical Sport Psychology*, *1*, 166-180. https://doi.org/10.1123/jcsp.1.2.166

Lutkenhouse, J., Gardner, F. L. & Morrow, C. (2007). *A randomized controlled trial comparing the performance enhancement effects of Mindfulness-Acceptance-Commitment (MAC) performance enhancement and psychological skills training procedures*. Manuscript in preparation.

Lutz, A., Slagter, H. A., Dunne, J. D., & Davidson, R. J. (2008). Attention regulation and monitoring in meditation. *Trends in cognitive sciences*, *12*(4), 163-169. https://doi.org/10.1016/j.tics.2008.01.005

Metz, S. M., Frank, J. L., Reibel, D., Cantrell, T., Sanders, R. & Broderick, P. C. (2013). The effectiveness of the learning to Breathe program on adolescent emotion regulation. *Research in Human Development*, *10*(3), 252-272. https://doi.org/10.10 80/15427609.2013.818488

Minkler, T. O., Glass, C. R. & Hut, M. (2020). *Mindfulness* training for a college team: Feasibility, acceptability, and effectiveness from within an athletic department. *Journal of Applied Sport Psychology*, *33*, 1-18. https://doi.org/10.1080/10413200.2020.17391 69

Napoli, M., Krech, P. R. & Holley, L. C. (2005). *Mindfulness* training for elementary school students: The attention academy. *Journal of Applied School Psychology*, *21*(1), 99-125. https://doi.org/10.1300/J370v21n01_05

Nolte, K., Steyn, B. J., Krüger, P. E. & Fletcher, L. (2016). *Mindfulness*, psychological well-being and doping in talented young high-school athletes. *South African Journal for Research in Sport, Physical Education and Recreation*, *38*(2), 153-165.

Palmi, J. & Solé, S. (2016). Intervenciones basadas en *Mindfulness* (Atención Plena) en Psicología del Deporte. *Revista de Psicología del Deporte*, *25*, 147-155. https://doi.org/10.5093/rpadef2018a14

Palomas, M.T. (2015). *Mindfulness para mayores*. Kairós.

Paricio, R. (2022). Técnicas de *mindfulness* y regulación emocional en el ámbito familiar como estrategia de prevención en el ámbito de la salud mental, *NPunto*, *46*, 66-86.

Palicio, R., Rodríguez-Martínez,D. & León-Zarceño, E.M. (2022). Programas de intervención psicológica con atletas para la mejora del rendimiento: una revisión actual. *Revista de Psicología Aplicada al Deporte y al Ejercicio Físico*, *7*, 1-17. https://doi.org/10.5093/rpadef2022a6

Potek, R. (2012). *Mindfulness as a School: Based Prevention Program and its Effect on Adolescent Stress, Anxiety and Emotion Regulation*. New York University.

Purser, R.E. (2019). Mc*Mindfulness*: *How Mindfulness Became the new capitalist spirituality*. Alianza editorial.

Rechtscgaffen, D. J. (2016) *Educación mindfulness. El cultivo de la consciencia y la atención para profesores y alumnos*. Gaia Ediciones.

Rosaen, C. & Benn, R. (2006). The experience of transcendental meditation in middle school students: a qualitative report. *Explore: The Journal of Science and Healing*, *2*, 422-425. https://doi.org/10.1016/j.explore.2006.06.001

Saltzman, A. & Goldin, P. (2008). *Mindfulness* based stress reduction for school-age children, En S. C. Hayes y L. A. Greco (eds). *Acceptance and mindfulness interventions for children adolescents and families* (pp.139-161). New Harbinger.

Sánchez-Gómez, M., Adelantado-Renau, M., Huerta, M. & Bresó, E. (2020). *Mindfulness* en educación infantil: un programa para desarrollar la atención plena, *Revista Academia y Virtualidad,13*(2), 133-144.

Schoeberlein, D. (2011). *Mindfulness para enseñar y aprender. Estrategias prácticas para maestros y educadores.* Gaia.

Schonert-Reichl, E. & Lawlor, M.S. (2010). The effects of a *mindfulness*-based education program on pre-and early adolescents' well-being and social and emotional competence. *Mindfulness, 1*(3), 137-151. https://doi.org/10.1007/s12671-010-0011-8

Schonert-Reichl, E., Oberle, E., Lawlor, M. S., Abbott, D., Thomson, K., Oberlander, T. F. & Diamond, A. (2015). Enhancing cognitive and social-emotional development through a simple-to-administer *mindfulness*-based school program for elementary school children: a randomized controlled trial. *Psychology, 51*, 52-56. https://doi.org/10.1037/a0038454

Schwanhausser, L. (2009). Application of the *Mindfulness–*Acceptance–Commitment (MAC) Protocol with an adolescent springboard diver: the case of Steve. *Journal of Clinical Sports Psychology, 3*, 377–396. https://doi.org/10.1123/jcsp.3.4.377

Siegel, D. J., Germer, Christopher K., & Olendzki, Andrew. (2009). *Mindfulness*: What Is It? Where Did It Come From? En F. Didonna (Ed.), *Clinical handbook of mindfulness* (pp. 17-35). Springer.

Siegel, R., (2011). *La solución mindfulness: Prácticas cotidianas para problemas cotidianos.* Desclee de Brouwer.

Simón, V. (2016). Editorial: *Mindfulness* y Psicoterapia 10 años después (2006-2016). *Revista de Psicoterapia, 27*(103), 1-5. https://doi.org/10.33898/rdp.v27i103.100

So, K. T. & Orme-Johnson, D. W. (2001). Three randomized experiments on the longitudinal effects of the Transcedental Meditation technique on cognition, *Intelligence, 29*(5), 419-440. https://doi.org/10.1016/S0160-2896(01)00070-8

Solé, S., Carrança, B., Serpa, S. & Palmi, J. (2014). Aplicaciones del *mindfulness* (conciencia plena) en lesión deportiva. *Revista de Psicología del Deporte, 23*, 501-508.

Soriano, J. G., del Carmen Pérez-Fuentes, M., del Mar Molero-Jurado, M., Gázquez, J. J., Tortosa, B. M., & González, A. (2020). Beneficios de las intervenciones basadas en la atención plena para el tratamiento de síntomas ansiosos en niños y adolescentes: Metaanálisis. *Revista Iberoamericana de Psicología y Salud, 11*(1), 42-53.

Tang, Y. Y., Yang, L., Leve, L. D. & Harold, G. T. (2012). Improving executive function and its neurobiological mechanisms through a *mindfulness*-based intervention: Advances within the field of developmental neuroscience. *Child Development Perspectives, 6*, 361-366. https://doi.org/10.1111/j.1750-8606.2012.00250.x

Timothy, W. (2019). *El juego interior del tenis*. Sirio.

Trujillo-Torrealva, D., & Reyes-Bossio, M. (2019). Programa de *mindfulness* para la reducción de la ansiedad precompetitiva en deportistas de artes marciales. *Retos, 36*, 418-426. https://doi.org/10.47197/retos.v36i36.66589

Turanzas, J., (2013). *Adaptación transcultural de la escala CAMM (Child and Adolescent Mindfulness Measure)*. Máster en terapias psicológicas de 3ª generación. Universidad Internacional de Valencia (VIU).

Williams, M., Teasdale, J., Segal, A. & Kabat-Zinn, J., (2007). *The mindful way through depression*. Guilford.

Wolanin, A. T. (2005). *Mindfulness*-Acceptance-Commitment (MAC) based performance enhancement for Division I collegiate athletes: A preliminary investigation (Doctoral dissertation, La Salle University, 2003). *Dissertation Abstracts International-B, 65*, 3735-3794.

Worthen, D. & Luiselli, J. K. (2016). Attitudes and opinions of female high school athletes about sports-focused *mindfulness* training and practices, *Journal of Clinical Sport Psychology, 10*(3), 177-191. https://doi.org/10.1123/jcsp.2016-0005

Zenner, C., Herrleben-Kurz, S., & Walach, H. (2014). Mindfulness-based interventions in schools: A systematic review and meta-analysis. *Frontiers in Psychology, 5*, 603. https:// doi: 10.3389/fpsyg.2014.00603

Sobre la autora

Fuente: Libertad Zanón

Irene López Secanell

Es doctora en Educación (Universidad de Lleida), Graduada en Educación Primaria con mención de Educación Física y con el Máster en Educación Inclusiva y el Máster Universitario en Formación del Profesorado de Educación Secundaria Obligatoria y Bachillerato, Formación Profesional y Enseñanzas de idiomas. Fue docente y entrenadora en la escuela Claver Raimat (Lleida) y profesora en la Universidad de Lleida y en la Universidad de Valencia. Actualmente es profesora y coordinadora en grados de educación y en la especialidad de Educación Física del Máster en Profesorado de Secundaria en la Florida Universitaria (Catarroja, Valencia). Además, desde hace años realiza formaciones e investigaciones sobre *mindfulness* aplicado a la educación, aprendizaje basado en proyectos y Educación Física en torno el arte para estudiantes y profesorado de todas las etapas educativas.

 @irelopsec

 www.educacionenmovimiento.es

 @irelopsec

 **INDE** es una editorial especializada en libros de

Educación Física y Pedagogía del Deporte

 @INDEEditorial

 @editorial_inde

 @INDEEditorial

Consulta todo nuestro catálogo

www.inde.com

editorial@inde.com